刘秋绿 著
邢万军 主编

李清照

清泪入词，洗净凡尘铅华梦

北方文艺出版社

图书在版编目（CIP）数据

李清照：清泪入词，洗净凡尘铅华梦 / 刘秋绿著 . --
哈尔滨：北方文艺出版社，2019.1
（走近诗词品人生 / 邢万军主编）
ISBN 978-7-5317-4419-1

Ⅰ . ①李… Ⅱ . ①刘… Ⅲ . ①李清照（1084- 约
1151）- 人物研究②李清照（1084- 约 1151）- 宋词 - 诗词
研究 Ⅳ . ① K825.6 ② I207.23

中国版本图书馆 CIP 数据核字（2018）第 257080 号

李清照：清泪入词，洗净凡尘铅华梦
Liqingzhao Qinglei Ruci Xijing Fanchen Qianhuameng

作　　者 / 刘秋绿	主　　编 / 邢万军
责任编辑 / 路　嵩　张贺然	封面设计 / 琥珀视觉
出版发行 / 北方文艺出版社	邮　　编 / 150080
发行电话 /（0451）85951921　85951915	经　　销 / 新华书店
地　　址 / 哈尔滨市南岗区林兴街 3 号	网　　址 / www.bfwy.com
印　　刷 / 三河市嵩川印刷有限公司	开　　本 / 710mm×1000mm　1/16
字　　数 / 152 千	印　　张 / 11.5
版　　次 / 2019 年 1 月第 1 版	印　　次 / 2020 年 8 月第 3 次印刷
书　　号 / ISBN 978-7-5317-4419-1	定　　价 / 36.00 元

序

清泪入词，洗净凡尘铅华梦

千世情，错生死，梦里辗转千年泪。再轮回，差阴阳，单人孤影幻双飞。花在指尖滑落，犹如一滴清泪，沾染墨迹，飘入词阕。是谁的眼泪依稀朦胧了旧事影，浅浅淡淡，企图关住相思。

尝尽悲欢离合，古老的竹简，写满了岁月的沧桑，太多的没落心情来不及诉说，太多的殇词不足以形容，于是她用缠绵的字眼谱写悲伤。清泪入词，洗净凡尘铅华梦。焚香过往，浮散了人世悲欢。

读李清照的词，你可以看到她一步步的成长，随着时光流转，一位快乐、活泼、开朗的少女，渐渐成长为幽怨、哀伤、端庄的少妇，最后成为历经风霜、坚强、睿智、淡看一切的长者。她的词跟随她的成长经历而转变风格。从古代到现代影响了无数人。

接触李清照的词，是在初中时代，一首《如梦令》，让我置身于一个优美快乐的情景之中，那时便迷上了她的词。一有空便会细细品读，在每一首词中感受人生的喜怒哀乐和悲欢离合。

在我眼里，李清照的命运如同穿越季节的旅程，从春到夏，从夏到秋，从秋到冬。在春夏季节，她的词充满阳光和幸福、愉悦。在秋冬季节，她的词充满了冰雪与怀念、忧伤。

春来花烂漫，秋至月似霜。她用珠玑文字描绘了一段段不平凡的心路历程，后期作品虽清泪入词，却洗净凡尘铅华。虽不华美，却更凄楚动人。

"洗净凡尘铅华梦，世间万象本为空。试问菩提当何如？随缘随遇亦随风。"我想，无论是谁的人生，永远都是有缺憾的。不管李清照是欢乐还是忧伤，那些优柔的岁月都已随着时光成为历史的篇章，而那些不可多得的词阕却终被喜爱她的人铭记在心田。

目
录

第一章 一枝独秀，自是花中第一流

步履轻盈，跨越束缚 / 007

屈指迎春，弹指春去 / 012

花落无痕，惜者留香 / 017

不攀不比，知足常乐 / 022

流水桃花，悄然绽放 / 026

蹴罢秋千，尘缘相望 / 031

携子之手，与子偕老 / 037

相濡以沫，幸福美满 / 042

一种相思，两处闲愁 / 046

旦夕祸福，喜忧参半 / 050

第二章 一时繁华，风住尘香花已尽

同心同德，共渡难关 / 060

傲雪凌霜，氤氲幽香 / 065

双蒂银杏，携手并行 / 070

武陵人远，烟锁秦楼 / 076

姐妹情深，念念不忘 / 081

愁肠百结，欲说还休 / 085

名缰利索，身不由己 / 094

颠沛流离，和衷共济 / 100

君心我心，聚散依依 / 105

敢于发声，心在魏阙 / 110

第三章　一滴清泪，洗净凡尘铅华梦

南渡之恨，赤子之情 / 120

一种孤单，超越时空 / 124

山河破碎，苦不堪言 / 131

斗雪红梅，不折不挠 / 137

废墟新城，轰然倒塌 / 141

闲言碎语，叨扰清梦 / 146

贞节牌坊，源远流长 / 153

夕阳西下，人生向晚 / 159

词国皇后，谱写华章 / 165

不羁生命，羽化成仙 / 172

后　记 / 176

第一章

一枝独秀，自是花中第一流

有人说："花是多情的种子。"

古今中外，多少文人墨客赞花、颂花、叹花、吟花，借花抒发心中或欢喜、或愁闷、或相思、或追忆的心情。周敦颐"独爱莲之出淤泥而不染"，屈原爱兰花之"兰藏幽而有芳"，陶渊明爱菊花之"采菊东篱下，悠然见南山"，清代张铁琴则借咏油菜花来抒发自己的抱负，"嫣红姹紫弥天下，关系苍生只此花"。爱花之人，看到花开的时候，总能用一些唯美又有意境的句子来吟诗作对。

有人说："酒是人们生活的调味品，是文人创作的兴奋剂。"

酒可以寄托人们的情感，点燃文人文学创作的火花，激发他们创作的灵感。纵观古今，很多才思敏捷的诗人都与酒结下不解之缘。陆游的"莫笑农家腊酒浑，丰年留客足鸡豚"；范仲淹的"浊酒一杯家万里，燕然未勒归无计"；李白的"穷愁千万端，美酒三百杯。愁多酒虽少，酒倾愁不来"；李商隐的"心断新丰酒，销愁斗几千"。

有人说："中国是诗的国度。"还有人说："心中有诗的人，纵然不逞口舌之强、言辞之利，也会用行动写出'诗言志，歌永言，声依永，律和声'。"孔子曾经教育儿子说："不学诗，无以言！"

在中国古代，诗有着非常重要的意义。诗可以表达人们内心积蓄已久的情感，可以抚慰和寄托失意的人生感受，还可以为自己创造一个属于自己的唯美世界。

李清照爱花、爱酒，亦爱写诗词，她的《漱玉词》里有很多描写花和酒的字眼。

她的一生如花一样，从初绽时的灿烂喜悦，到凋落时的枯黄悲切，最后零落成泥碾作尘，化作一缕香魂，消失在茫茫宇宙中。不管人们如何评说，她在我心中，都是万花丛中最美的一朵，也是最独特的一朵。

她的一生也如一杯醇美的酒，在她那杯酒里，可以品出最美的爱情、最真的性情、最纯的亲情和最浓烈的爱国情。

李清照留下的诗词并不多，据说，她一生总共也就写了80多首诗词，还有几个断句。但是她的每一首词几乎都是精品。

《漱玉词》中，那一串串文字，抑扬顿挫，细细描绘青葱岁月。静美温馨的字符，在岁月流年中，时而欢呼雀跃，时而愁肠百结。肆意渲染着春天的美丽与清新，夏天的热烈与快乐，秋天的凄清与伤感，冬天的冰冷与孤寒。

她绾青丝，品美酒，赋新词，醉红颜，躺在岁月的臂弯梦一场，无论是喜悦还是悲伤，决不辜负每一段时光。

很多人都知道，在这个世界上，每一个人的人生都是不尽相同的，人生跟人生也没有可比性。生在太平盛世，落在富贵人家，这是每个人都向往的命运。有些人一出生就含着金钥匙，但未必这金钥匙就可以含一辈子。因为命运是公平的。它不会让每个人都得到相同的东西。所以，有些人多了一些智慧，却少了一些美貌；有些人多了一些美貌，却少了一些智慧；有些人多了些智慧，却多了一些磨难；有些人多了一份财富，却享受不到真正的幸福与快乐。至于自己以后的人生之路如何走，那就要看个人的努力和造化了。

我想，李清照应该是属于那种含着金钥匙出生的幸运儿吧，她出生在一个书香世家，小时候就在良好的家庭环境中打下文学基础。她的父亲李格非是进士出身，藏书甚丰，是一个饱读诗书，精通儒家经典的才学之士。

在北宋社会，大户人家选女婿，都是要看对方有没有才华，凡是中了进士的男子，在那个时代都是很受尊重的。

李格非中了进士之后，曾经做过山东郓州教授，后来又升官做了太学录、太学正，还做过太学博士。他的诗文创作和学术成就得到了苏轼的赏识，并因此成为"苏门后四学士"之一。

　　李格非不但清正廉洁，刚直不阿，做事很有原则，眼里不揉沙子，绝不与社会的不正之风同流合污，而且疾恶如仇，看见坏人坏事必然与其做斗争。他的一言一行对李清照有着非常大的影响。

　　李格非的生平事迹被记入《宋史》的人物传记里。他在郓州做教授的时候，从不受贿，日子过得很清贫。郓州的知州觉得他可怜，劝他想办法聚敛钱财。李格非不吃这一套，他觉得自己做什么工作，该拿多少钱就拿多少钱，绝不贪污受贿。身处官场，能用坦荡的脚印丈量生活，才会行走得轻盈而洒脱。

　　李格非在江西上饶做官的时候，曾遇到过一个专门骗钱的道士，这个道士妖言惑众、危言耸听，在当地影响很大，出门的时候也总爱乘车。有一次李格非出门办事，也乘着车，两辆车狭路相逢，李格非当即下令，让手下人把那道士从车里拖出来，拉到路边，跪在地上，历数他的罪状，痛打一顿，然后驱逐出境。

　　虎父无犬"女"。或许，就因为有这样一个出色的父亲，便注定李清照不会成为一个平凡的人。

　　李清照的母亲姓王，人称王氏，出身于名门世家。她的家世有两种说法。据《宋史·李格非传》中介绍，王氏的祖父是王拱辰。王拱辰是宋仁宗时的科举状元，先后担任过翰林学士、吏部尚书，还做过三司使。王氏是这个家族培养出来的孙女，自然很优秀。

　　在李格非的本传里，结尾提到了他的妻子和女儿，在提到这位王氏的时候，特别提到一句话："妻王氏，拱辰孙女，亦善文。"这里说王氏"亦善文"，估计并不是一般的善于写文章，也许可以说她很精通文章，因为古代时所谓的"文"，含义是很广泛的，说不定她还是一个琴棋书画无所不通的大才女。

　　另一说法是宋人庄绰的《鸡肋编》中记载，王氏的祖父是汉国公王准，父亲是岐国公王珪，王珪曾做过丞相。王珪的文章，典丽有西汉之风，他与黄庭坚结识。王珪的父亲准、祖父赞、曾祖父景图，皆曾登进士第，有孙婿九人也都登科，李格非便是其中之一。李清照的母系属于最高层的士族。

有部分学者认为，李格非娶过两个王氏夫人，先娶丞相王珪之女，可是她过早就去世了，后又娶王拱辰之女为妻。那么，李清照之母到底是前一个王氏女还是后一个王氏女，她到底是继母抚养长大还是本来就不曾失母，学界各有各的说法。

我想，无论是哪个版本的传说，李清照的母亲都是一个在诗书世家里长大的女子，她对于李清照的成长都有着很大的影响。

良好的家庭文化教育对李清照的心智发展起到了至关重要的作用。据说，李清照的父母除了在文化教育和个性发展上对她言传身教之外，也为她创造了一个远比当时的一般女孩子更加宽松自由的教育环境。

什么样的家庭教育就会有什么样的子女出现，正因为有这样一对才华横溢，懂得教育的父母，李清照才能成长得如此出色。

在中国古代的封建社会，一般的女孩子都是过着大门不出、二门不迈，专攻女红的生活。在那样一个男尊女卑，女性备受压制的社会里，李清照的出现，绝对是万花丛中的一枝独秀，在她的眼里，世界充满了色彩，充满了生机，充满了愉悦和乐趣。她旋舞于自然之间，悠然自得。

据说，她周岁那天，按习俗进行抓周。她绕开了其他物品，直接抓起了毛笔。或许，冥冥之中早已注定，今生，她要登上诗词的殿堂，与书香墨香为伴。

走进李清照年轻时代的生活，看着她在自己作品中所记录的那些纯真美好又幸福的经历。或许，我们也可以在诗句词行中找到自己年少时候的快乐影子。

步履轻盈，跨越束缚

黄昏的棹歌响起，夕阳依依不舍地往西方而去，傍晚的余光，缓缓走过泛着鳞光的水面，恐怕错过一尾尾光鲜的鱼影。灿烂的晚霞，静静的湖面，碧绿的荷叶，娇艳的荷花，还有醇香的美酒，伴随着一串串银铃般的笑声，在空气中回荡，回荡……

如梦令·常记溪亭日暮

常记溪亭日暮，沉醉不知归路。兴尽晚回舟，误入藕花深处。争渡，争渡，惊起一滩鸥鹭。

蓦然间读到如此欢快的文字，你会有什么感受？会不会想起自己曾经也有过这么一段惬意的时光，一个人悄悄地聆听自然的静谧，感受阳光的温暖，或者带上愉悦的心情，呼朋唤友一起出去游玩，享受生活的美好。

每一个人的生命篇章中，都有一段温暖的文字，叫作少年时光。

那段时光，可以在自由自在的天空，让自己站成一片云，跟着风的脚步，随心而走，观山川河流，赏花草树木，想哭就哭，想笑就笑，无忧无虑，无牵无挂。

那段时光，我们只是负责吃饭睡觉，太阳一出就可以跟着小伙伴们一起出去疯玩，直到夕阳西下，妈妈喊你回家。

那段时光，我们觉得天很蓝，花很香，世界充满阳光。

那段时光，可以跟着每一寸韶光的旋律，尽情曼舞在不识愁苦烦忧的天地间。

那段时光，没有尔虞我诈，没有钩心斗角，周围的一切都纯洁无瑕，犹如童话世界般美好，令人依恋。

少年时光，恍如前世，又好似昨天一般。一颗年少的心，可以躺在梦的摇篮，在幸福的国度里快乐摇晃。

李清照的少年时光与常人无异，她是那么单纯，那么快乐，正如辛弃疾在《丑奴儿·书博山道中壁》中所写的"少年不识愁滋味"一样。年少的她似乎没有过忧愁的时候，那出游溪亭的日子，是她生命中最为美好的记忆。

那个傍晚，在郊野水边的一个亭子里，她与伙伴们一边欣赏大自然的风景，一边喝酒，喝得醉醺醺。在玩赏的兴致得到充分的满足之后，天色已经晚了，这才依依不舍地上了去时所乘的小船，掉转船头，往回走。天色暗淡，醉眼蒙眬，她们辨认不清归路，把船划进了一片密集的荷花丛中。她们心如火燎，思量着怎样才能划出荷塘回家。于是胡乱地划动着小船，去找寻一条归路。忽然听到呼啦啦的一片响声，从河滩上飞起了一群被小船惊起的水鸟。或许，惊飞的水鸟，吓得她出了一身冷汗，使得头脑清醒了一些，终于能够寻路回家了吧！

李清照用几句简短又充满诗情画意的文字，把这有趣又好玩的郊游过程记录下来，因为那次郊游常常让她难以忘怀。

那时，李清照还只是一个不到二十岁的少年作家，她给我们描绘了这样一幅生机勃勃而又情趣盎然的画面，既生动活泼，又令人难忘。

她跟一起游玩的那些女孩子一样快乐地享受这次郊游，但不同之处在于她不但能享受这样的快乐，她还善于描写这样的快乐，并愿意把这个快乐写出来跟大家一起分享。

我看过很多赏析这首词的文章，很多人都说这首词很有史料价值，它可以让千年后的我们，能够如此深刻地了解到宋代社会一个少女所享受到的快乐悠闲的生活时光。

我喜欢这首词，就像那些点评此词的人所说的一样：它读起来令人愉悦无比，寥寥数语，似乎是随意而出，却又惜墨如金，句句富含深意，全词没有过多雕琢，富有一种自然之美，它以女词人特有的方式表达了自己早期生活的情趣和心境，境界优美怡人，将"语尽而意不尽，意尽而情不尽"的婉约风格发展到了顶峰。

我们知道，李清照爱诗、爱花也爱酒。虽然我不擅长饮酒，但我喜欢古代文人饮酒作诗时的那种浪漫和豪迈。

人生难得几回醉？一帘幽梦，几杯酒，醉与醒之间，便是天上人间。

一个有文化的女子，到郊野游玩，还喝得大醉，这在今天也是不多见的，在封建礼教重压之下的宋代，那就更为稀罕了。可见李清照是任情豪放、不受拘束，不被封建制度所束缚的一个具有真性情的独特女子。

我曾经读过清朝诗人查慎行的《玉泉山》，里面有两句诗写得很好："清泉自爱江湖去，流出红墙便不还。"诗人以极其丰富的想象力，赋予清泉以人的思想感情，描写了泉水流出红墙，奔向江湖的壮美景色。这种拟人手法的运用，给人以新奇之感，而这股清泉．会使人联想到那种受到封建礼法束缚的纯洁少女，她们为了追求自由的爱情，便冲开"红墙'的禁锢，义无反顾地奔向自己所爱的人。

或许，李清照就是这样的一个少女，她既有巾帼之淑贤，又有须眉之刚毅，还有卓越的才华、渊博的学识，更有高远的理想、超凡的抱负。这样的一个女子，是不会被任何规则束缚的，也是不该被束缚的。

有人说："规则是一种绳索，能够束缚你的勇敢精神和创新意识，也最容易让你找到按部就班的借口。"

或许，正因为李清照没有被束缚在"三从四德"的狭窄空间中，所以她的才、学、识能够达到一般的古代女子难以达到的高度。

我曾经看过一部纪录片，叫作《小人国》，看完之后感触很深。《小人国》里面的幼儿园教育形式让我很震撼，这部纪录片拍摄的是一个真实的事件，讲的是北京郊区一所名为巴学园的幼儿园里所发生的一些片段。

那个幼儿园就像一个家庭院落一样，说大不大，说小不小，但里面却是孩子们游乐的天堂。幼儿园里有野战的沙地，有木头竹片，能够充分给孩子们活动的自由！老师们不会因为怕脏而不让孩子玩游戏，不会因为怕危险而剥夺孩子选择玩具的权利，孩子们不会在大人的喋喋不休的叮嘱和保护措辞中，错失童年快乐的体验。

有时候，我觉得孩子们能在这样的环境中成长是幸福的。因为每个孩子都有一颗最纯真的好奇心，喜欢自由地去探索，大人可以适时地提醒他们该注意什么，但如果把自己的保护措施做成条条框框的规则，不许这样，不许那样，那孩子们做什么都会变得缚手缚脚，长大后依赖性会很强，很少能有创新意识和胆量。

我看过很多名人不被束缚而创造奇迹的故事：哥白尼不被束缚，提出了日心说；麦哲伦不被束缚，用全球航行来证明地球是圆的；拉瓦锡不被束缚，推翻了燃素学说，证实了燃烧与氧气有关，推翻了水是由原子构成的说法，证实了水是由氢氧两种元素组成。

人们常说，爱因斯坦是天才。爱因斯坦却知道："天才是百分之九十九的汗水加上百分之一的灵感。"是的，爱因斯坦的伟大成就，主要是因为他的勤奋学习，不倦探索，敢于创新。他不受传统观念束缚，敢于冲破禁区，创立新说，敢于并且善于破除迷信，解放思想。

被称作"生物学领域的牛顿"的达尔文，祖父和父亲都是当地的名医，家里希望他将来继承祖业，16岁时便被父亲送到爱丁堡大学学医。但是，他冲破了家庭的束缚，随船横渡太平洋，经过澳大利亚，越过印度洋，绕过好望角，在历时五年的环球考察中，达尔文积累了大量的资料，写出《物种起源》，提出了"进化论"的思想。

这些勇敢的人，在困难面前，在强烈的反对声中，在诽谤和嘲笑乃至谩骂声中，不顾一切地走出束缚，破旧成新，推动世界不断地前进！如今看来，现代人的各种舒适生活、便利工具和奢华享受，都是这些先驱的破坏者的智慧产物。

也许，不被束缚的少年都是幸运儿，因为只有不被束缚，才能翱翔于蓝天。我见过不爱学钢琴的少年，被父母逼迫着坐在钢琴凳上，双手僵硬，面无表情地弹奏着枯燥无味的练习曲；我见过被父母保护得很好的小绅士和小淑女，他们彬彬有礼，多才多艺，每天按照父母画好的图纸成长，却没有自己的思想，没有鲜明的个性，依赖性很强，遇到一点点困难就自怨自艾，无助地等待别人伸出援手。这些少年，都是按照父母的思想去生活的，他们成长的高度永远无法超出父母定制的框框架架。

我曾经读过这样一段话："对于凌驾于命运之上的人，信心是命运的主宰！"是的，敢于冲破束缚的孩子都是自信满满的。

或许，敢于冲破束缚，不可能把我们变成另一个达尔文或者李清照。但是，在今天这个充满竞争的时代，只有敢于冲破束缚，才不会畏缩不前，瞻前顾后，才能在竞争中学会生存，在逆境中谱写人生的华章。

屈指迎春，弹指春去

春天，绝对是一首能奏响生命活力的乐曲，因为它每个音符都跳动着希望和活力。

春天，总是手持画笔，悄然漫步在松软肥沃的泥土上，唤醒沉睡已久的种子，为它们涂上一抹绿；它走进寂静的花园，沾染缤纷的色彩，点蘸含苞欲放的花苞，赐予它们万紫千红的笑脸。它随风潜入森林，与百鸟齐鸣，赐予人间一个鸟语花香的世界。

于是，一幅带着繁华生命的画卷，悄悄呈现在人类面前。那漫山遍野的绿，藏着若隐若现的红黄橙紫白蓝，温暖了明亮的双眼，惊喜了跳跃的心房。于是，很多人赞春、喜春、惜春和留春。

"夜月一帘幽梦，春风十里柔情。"这是秦观的《八六子·倚危亭》。

"沾衣欲湿杏花雨，吹面不寒杨柳风。"这是志南的《绝句》。

"江碧鸟逾白，山青花欲燃。"这是杜甫的《绝句二首》。

"屈指数春来，弹指惊春去。檐外蛛丝网落花，也要留春住。"这是高观国的《卜算子·泛西湖坐间寅斋同赋》。

"淡荡春光寒食天，玉炉沉水袅残烟。"这是李清照的《浣溪沙·淡荡春光寒食天》。

浣溪沙·淡荡春光寒食天

淡荡春光寒食天，玉炉沉水袅残烟。梦回山枕隐花钿。

海燕未来人斗草，江梅已过柳生绵。黄昏疏雨湿秋千。

清明时节，春光满地，熏风洋洋。玉炉中的残烟依旧飘送出醉人的清香。午睡醒来，头戴的花钿落在枕边床上。

海外的燕子还未归来，邻家儿女们在玩斗草游戏。江边的梅子已落了，绵绵的柳絮随风荡漾。零星的雨点打湿了院子里的秋千，更增添了黄昏的清凉。

这是李清照前期的作品，她以大家闺秀的身份和手笔，赐予这首词文雅而高贵的气度。词里既写了暮春的风光，也写了闺室的景物，字字句句，都包含着她惜春留春的哀婉心情。

我初读这首词的时候，被里面的斗草游戏吸引住了。

"斗草"，又叫斗百草，据说南北朝时即有此俗。南朝梁·宗懔《荆楚岁时记》云："五月五日，四民并蹋百草，又有斗百草之戏。""斗草"原为端午之娱乐习俗，后推广并不拘于此日，斗草游戏是妇女儿童比较喜欢的一种游戏。

这个斗草游戏，让我想到了《红楼梦》里的一幕，只要是认真读过《红楼梦》的人应该都会知道，这部小说里有很多与"节令"相关的情节。曹雪芹在讲述一幕幕故事的同时，不断插入各种岁事和例行节日进去，让这些故事更加令人印象深刻，过目难忘。

在《红楼梦》第二十三回里，有四首四时即事诗《春夜即事》《夏夜即事》《秋夜即事》和《冬夜即事》。当时的贾宝玉无忧无虑，与众姐妹住在同一个园里，吟诗作对，抚琴下棋，拆字猜枚，嬉戏玩耍……其中，他们所玩的斗草簪花，就是一种与春天相关的季节游戏。

那时候的大观园还处于兴盛时期，主子们玩游戏，丫鬟仆人们也玩游戏，香菱和小戏子出身的豆官等四五个人一起在园内游玩，她们用自己采摘下来的花草连缀比对，观音柳与罗汉松，君子竹与美人蕉……各种花卉，各种应对，大家玩得不亦乐乎。当豆官摆出姐妹花时，香菱以夫妻蕙反击，但豆官却对这个应对吹毛求疵，豆官不服，于是她们就像孩子般争吵起来。

这个斗草游戏，被曹雪芹描写得如此生动有趣，给我留下很深刻的印象。当我读到李清照的《浣溪沙·淡荡春光寒食天》时，看到斗草二字便格外亲切。

或许，李清照所描写的斗草游戏，跟曹雪芹描写的应该是一样的吧。一群活泼可爱，充满青春活力的少女，在明媚的春光中嬉戏打闹，这是一种多么幸福的生活，或许，这就是一个人生命中的初春时期，百花盛开，百鸟争鸣，无忧无虑，美丽动人。

但是，春天总是短暂的，从初春到暮春，短短几个月的时间，它就完成了所有的使命。所以，当春天离开的时候，很多文人都会觉得伤感。

于是，那些伤春的诗句便应运而生。都说文人是多愁善感的，心悲则物哀，情伤则景殇。他们最容易触景生情，所写之文都是应时应情，让自己心中的真实感受，赋予外物之情感。

自古伤春者不乏其人。因时因地因物因事而情苦感伤之句，亦历历可数。

王之涣的《凉州词》里有："羌笛何须怨杨柳，春风不度玉门关。"

词句中凝聚着戍边战士的思乡情结，于豁达中暗含讥讽。

晏殊的《浣溪沙》里有："无可奈何花落去，似曾相识燕归来。"

眼前春花凋落，引发了伤春之意，衬出目睹燕归时的思友之情。

王安石的《春夜》里有："春色恼人眠不得，月移花影上栏杆。"

春色也可以扰乱人的清梦，王安石在翰林院之夜时，把忧国忧民的情怀和孤寂晦暗的心情，寄托在春色上。

李煜的《虞美人》里有："问君能有几多愁，恰似一江春水向东流。"

这是一个被俘君王对故国的不绝追思和亡国的无奈苦楚。

虽然有这么多文人伤春，但在李清照的眼里，春天依然是美好的，一如户外那些少女所玩的斗草游戏那般既快乐又有活力。所以，她想留住春天。

清晨时分，虽然她已梦醒，凝妆完毕，却慵懒未除，又斜倚在枕上出神，给人感觉似乎那是一个慵懒、无聊的女人，整日沉溺于沉香、花钿、山枕之中。其实不然，因为这个正欹枕凝神的人，一直关注着外界的一切，她知道室外女子正笑语喧喧，彼此斗草取乐，而海燕此时却经春未归。

春天将尽，梅子熟透，柳枝长成。暮春时节，黄昏时分，独自一人，已自不堪，更兼疏雨，以及空寂、湿漉的秋千架相伴。

既然惜春，就想留春。但是，春天不是你想留就能留得住的，四季轮换，天道自然，谁也无法扭转。只能眼睁睁地看着春天离开，于是，叹春之情遂油然而生。

李清照在《小重山》词中曾描绘过早春时节的景色："春到长门春草青，江梅些子破，未开匀。"她对春天的喜爱，在这首词中显然可见。所以，此时面对暮春之景，想留却留不住，只能轻轻叹息。

据说，这个时期的李清照，结识了张耒、晁补之及同龄诸女友，《浣溪沙·淡荡春光寒食天》作于这一年的前后。有朋友的日子是快乐的，在人生最美好的青春年少时光，呼朋唤友，一起游玩，是一件多么惬意的事情。

春天是美好的、充满希望的，但它又是短暂的。人生的春天又何尝不是这样，它充满青春气息，朝气蓬勃，但又转瞬即逝。

正如黛玉《葬花吟》中的："试看春残花渐落，便是红颜老死时。一朝春尽红颜老，花落人亡两不知。"

当春残花落的时候，人很容易产生伤感之情，尤其是生命坎坷，人生处处逢失意的那些文人，更是深有体会，所以才留下了许许多多千古传颂的伤春、惜春、留春、叹春的诗句。

或许，李清照也是以惜春留春叹春，来感叹自己和伙伴们那些青春年少，充满童真的日子终将会过去吧。

春天走了,夏天、秋天和冬天会相继而来。四季总是在不停地轮换,但是人的一生,年少的时光与年老的时光却无法再轮换了,想到这里,不免令人伤感、惋叹。

《增广贤文》里有句话叫作:"一年之计在于春,一日之计在于晨,一家之计在于和,一生之计在于勤。"

既然年少的时光像春天那么短暂,就该好好珍惜,认真做好自己该做的事情,不让自己在生命的春天里留下遗憾和叹息。

花落无痕,惜者留香

年轻的时光是一幅画,绚丽而多彩;年轻的时光是一曲歌,激昂而动人;年轻的时光是一首诗,浪漫而抒情。年轻女人的情怀,如山中清泉般晶莹剔透,一任温柔在心间流淌成清澈的溪流;如深谷芝兰般幽雅矜持,一任馨香氤氲成美丽的云彩;又如南国骄阳般热烈,伴阳光远行,璀璨多姿,斗志昂扬。

对于一个年轻女人而言,雨天往往是更加浪漫的,也是更加富有情思的。尤其是像李清照这般爱花又多愁善感的女人,倚靠窗前,看着窗外的花开花谢,总有不一样的人生思索和感受——

如梦令·昨夜雨疏风骤

昨夜雨疏风骤,浓睡不消残酒。试问卷帘人,却道海棠依旧。知否?知否?应是绿肥红瘦。

有人说:"青春是阳光,是自信的标志;青春是月光,是优雅的代表;青春是星光,是引领时尚的先锋。"

还有人说:"青春,是人生的春天,是人生的希望,是人生最美的花朵,散发着春天里最明媚的一缕幽香。"

在我看来，青春，就像盛开的花儿一样绚烂多姿，也如花儿一般短暂易逝。人生在天地之间，就像白驹过隙，再美的青春，也会随着时光之箭飞逝而去，如果不好好珍惜，便会后悔莫及。

日出日落，花开花谢，每一朵花，在娇艳之后，总是落红遍地，化为尘泥。这世上，有多少人除了欣赏花的美之外，还会关心花儿的凋零之殇？风雨无情，落红遍地之时，又有谁会像林黛玉那般怜惜那些残缺的花瓣，手执花锄把它们埋葬？

当我读到李清照的这首《如梦令·昨夜雨疏风骤》时，感慨颇深。她表面上写的是海棠花，实际上写的是青春岁月。在李清照的心里，海棠花象征着她的青春，象征着一个女人对青春，对美好时光的憧憬。

花开花谢花飘零，这是花的命运。从生到死，再到回归尘土，这是人的命运。饮一杯酒，于醉意中惋叹红颜易逝，感叹经过风吹雨打，花儿的灿烂能延续几何，自己的青春能有多长？这心境，是那个卷帘的侍女无法了解的。

花落无痕，惜者留香。李清照对花儿红颜易衰的担忧，正是对青春年少珍惜的一种反映。我们知道，从古至今，有很多文人爱花、惜花、写花、借花言情。而且，很多文人所写的惜花诗词都会言及风雨和酒。

冯延巳在《长相思》一词中所写："红满枝，绿满枝，宿雨厌厌睡起迟。"

杜甫在《三绝句》一诗中所写："不如醉里风吹尽，可忍醒时雨打稀。"

韦庄《又玄集》卷下录鲍征君（文姬）《惜花吟》一诗中所写："枝上花，花下人，可怜颜色俱青春。昨日看花花灼灼，今日看花花欲落。不如尽此花下饮，莫待春风总吹却。"

李清照也是善于饮酒的，所以在她的诗词里面，酒是经常出现的一个意象。这首小词也是借宿酒醒后询问花事的描写，曲折委婉地表达了词人的惜花伤春之情。

昨夜雨小风疾，她从沉睡中醒来，酒醉没有全消。试问卷帘的侍女，外面的花儿命运如何？侍女却说海棠花依然如旧。知道吗？应是绿叶更加茂盛，红花却已凋零。

或许，李清照不忍看到天明时海棠花谢，所以昨夜才在海棠花下饮了过量的酒，直到今朝尚有余醉。尽管饮酒致醉，一夜酣睡，但清晨酒醒后所关心的第一件事仍是园中的海棠花。

其实，她明明知道，经过一夜风雨，海棠花必定不堪一击，窗外应该是落花满地，一片狼藉，却又不忍亲见，于是试着向正在卷帘的侍女问个究竟。侍女对女主人的心事毫无觉察，对窗外发生的变化无动于衷，所以说海棠依旧。

雨疏风骤之后，"海棠"怎会"依旧"呢？词人疑惑不解。她对窗外景象的推测与判断是，园中的海棠应该是绿叶繁茂、红花稀少。

是啊，海棠虽好，可是风雨无情，它是不可能常开不谢的。这是花的宿命，谁也改变不了。"卷帘人"毕竟不像女主人那样拥有细腻的感情，可以那么深刻地感悟大自然和人生的变化，可以为花开花谢去吟诗赋词，书写自己的喜怒哀惧。

"自古文人多悲秋""自古逢秋悲寂寥"，悲秋是中国古典文学的主题之一，在无数骚人墨客眼里，似乎秋天是个萧瑟悲凉的季节，落叶纷飞，满目枯黄，无比苍凉。他们的作品中，都郁积着浓浓的悲秋情结。

或许，悲秋情结只是说明文人们的感情丰富，善于把世间万物与自己的命运乃至国家的命运连接起来。秋天，也只是文人们一个情感的寄托。

李清照也是个感情丰富，多愁善感的人，虽然她写的不是秋天的景色，但她把自己珍惜青春的情感寄托在海棠花身上。

有人评价她的诗词说："她以女性的角度，用女性的笔触，来写女性自己的心理，这是一般男性作家很难触及到的。"

人生短短几十年，在这个世界里走走停停，看路边风景无数，很多人期盼的就是流年无恙，光阴留香。但是，一个人想永远沉浸在春天的花香里，是一种奢望。毕竟，时光的脚步不会停歇，四季依然要按照大自然的规律轮回。

人的生命亦是如此，时光的车轮会随时间的流逝向前推进，每个人都会从幼嫩变得成熟，从青年变为中年，再从中年变成老年。这是生命的历程，从年轻到年老，最后留给我们的只是一幕幕在脑海中或深或浅的记忆。

青春只是人生一部分的时光，终将随着时间的嘀嗒声悄悄走远。青春里的那些经历，青春里的那些人和物，青春里的那些爱与恨，青春时期中命运的跌宕起伏，都是我们最值得珍惜的东西。

因为珍惜，所以会在青春岁月里努力拼搏奋斗。因为珍惜，所以更重视青春年华中的亲情、友情和爱情。

或许，只要我们懂得珍惜，青春便可以将我们的记忆拉长，虽然青春的时光很短暂，但等我们年老时，青春里那些最美好的风景，会像美轮美奂的电影画面，在我们的脑海中一遍遍播放。那些或动人心魄，或平淡如水的故事，会像一本本引人入胜的书，供我们细细品读。

我想，只有珍惜青春的人才能珍惜时间，只有珍惜时间的人，才愿意为自己的未来去努力奋斗。

我曾经看过一部电视剧叫作《我的青春谁做主》，里面的故事情节和主人公的台词深深打动了我。是啊，我们的青春该由谁来做主呢？

或许，很多人都会说，我们的青春应该由我们自己做主。只有自己掌好青春的舵，才不会在茫茫人海中迷失方向，才能为自己的梦想去远航。那些留在记忆深处的奋斗时光，就是人生中最美的风景。在这些风景里，我们陶醉，我们欢呼，我们可以在夜深人静之时沾沾自喜，细细品味。这些风景的美好，缘于我们对青春时光的珍惜。

这世间，凡有大智大志者，都是能为自己的青春做主的人，他们珍惜青春，珍惜时间，在年少时光里就明白自己的人生方向，努力学习，让自己的生命变得有价值。

　　匡衡的凿壁偷光；屈原的洞中苦读；周恩来的"为中华之崛起而读书"；林肯的永不退缩精神；贝多芬的命运交响曲；乃至我国伟大的领袖毛泽东，在二十多岁时为革命事业劳苦奔波，抛头颅洒热血，用自己的一腔热血拯救一个饱受歧视和摧残的国家等等。这些名人都是珍惜青春，珍惜时间，热爱学习，志向远大，意志坚强，可以为自己的青春做主的人，他们活出了自己的价值，活出了精彩无比的人生。

　　花的香味会在凋零中渐渐散去，年轻的容颜也会在岁月的沧桑中慢慢衰老。珍惜青春时光，留一缕清香在光阴里，细细回味。留一份美好给自己，在流年深处，在年老时分，便可以感受到年轻时代的那一阵阵幽香。

不攀不比，知足常乐

在我很小的时候，曾经听爸爸讲过一个很古老的故事：月宫中有一棵桂花树，高五百丈。汉朝有一个叫作吴刚的，因在学仙时，不遵守道规，被罚到月宫中伐桂，但桂花树随砍随合，怎么也砍不倒。

千万年过去了，吴刚总是每日辛勤伐树不止，而那棵神奇的桂花树却依然如故，生机勃勃，每临中秋，馨香四溢。只有中秋这一天，吴刚才在树下稍作休息，与人间共度团圆佳节。

那时候，我觉得桂花树特别神奇，后来又看过很多关于桂花树的诗词和文章，像毛泽东的"问讯吴刚何所有，吴刚捧出桂花酒"，屈原的"援北斗兮酌桂浆""辛夷车兮结桂旗"，《吕氏春秋》中的"物之美者，招摇之桂"，宋之问的"桂子月中落，天香云外飘"，再到李清照的"何须浅碧深红色，自是花中第一流"。

我想，桂花如此受世代文人雅士所吟诵，自有它的迷人之处。后来，查阅了很多资料，才知道，桂花是中国传统十大名花之一，集绿化、美化、香化于一体的观赏与实用兼备的优良园林树种，桂花清可绝尘，浓能远溢，堪称一绝。

桂花是崇高、贞洁、荣誉、友好和吉祥的象征。所以，自古以来，凡仕途得志，飞黄腾达者都谓之"折桂"。而李清照推崇桂花为第一流的花朵，是因为她十分注重桂花的内在美，十分欣赏桂花的色淡味香，体性温雅。那"暗淡轻黄体性柔，情疏迹远只香留"的桂花，正是作者傲视尘俗，乱世挺拔的正直性格的写照。

鹧鸪天·桂花

暗淡轻黄体性柔，情疏迹远只香留。何须浅碧深红色，自是花中第一流。
梅定妒，菊应羞，画阑开处冠中秋。骚人可煞无情思，何事当年不见收。

这首《鹧鸪天·桂花》的主角是桂花。桂花看起来貌不惊人，但它香气怡人，清纯淡雅，惹人爱慕，李清照在写这首词的时候，还是个天真无邪的少女，这时候的李清照就快要与赵明诚结婚了，新婚之前，她雀跃欢喜，手捧桂花，以清雅温情作了这首《鹧鸪天·桂花》。

少女时光的闺怨与忧愁，都已束之高阁。李清照的生命将进入第二个阶段，她对未来有着美好的憧憬。

在她眼里，此时的生活无忧无虑；在她眼里，此时的国家繁荣昌盛，百姓生活安康幸福。在她眼里，繁华无比的汴京，看不到凄凉的景象；大大小小的船，轻轻地在汴河之上悠闲地漂着。熙熙攘攘的街市，人来人往，热闹纷繁。庄严的大相国寺，香火鼎盛，多少虔诚跪拜的心，匍匐在寺庙面前，祈祷国泰民安。

年少才高的李清照，名冠汴京城。她可以为世间万物吟诗赋词，即便是那一朵朵小小的桂花，都可以让她驻足流连，在她心中，桂花是花中第一流的。所以，当她看到屈原在《离骚》中歌颂尽世间所有名花，却唯独不提桂花半句时，大胆地为桂花打抱不平。

我们知道，屈原的人品和才华，是人们所共同景仰的，李清照对他也是赞赏有加。她对屈原的抱怨，其实只是说明她对桂花的珍爱。或许，她并不知道，屈原在《离骚》中所提到的菌桂其实就是桂花。或许，我们不该批评她的无知。因为在这个世界上，谁都有一段懵懂无知，年少轻狂的岁月。

读过李清照的《鹧鸪天·桂花》，我便迷上了桂花，有一段时间常常以桂花泡茶喝，很喜欢那淡淡的桂花茶香味，那香味馥郁持久，茶汤绿而明亮。

其实，桂花树只是一种特别普通的树。它既没有牡丹的雍容华贵，也没有荷花的清纯可人，既没有兰花的娟丽素雅，也没有腊梅的傲然风骨。但正是它的平凡与质朴，给人们留下了深刻的印象。

我想，桂花生长在这个世界上，是不喜欢与其他花儿攀比的，小小的花儿总是躲在绿叶的后面，要不是那淡淡的香气悄悄弥漫，很容易让人忽视它的存在，即使是到了桂花遍地开的金秋时节，满可一显身手的它也从不张扬。我猜想，李清照可能也会因为桂花的这点可贵品质而喜欢它吧。

少女时代的李清照是幸福的，她的那些幸福感都是来自很普通的小事物，一朵花，一首诗，一群鸥鹭，都可以让她幸福感满满，快乐无比。那时候的她并不知道未来的生活会是多么艰辛。有时候我在想，如果当年的李清照知道自己的中年时代和晚年时期是那样艰辛凄苦的话，少女时代的她会不会还那么幸福快乐？

有时候想想，其实每个生命都有很多不可预知的事情会发生在他身上，或者不要去想未来如何，活在当下是最好的吧，因为只有思想单纯，知足常乐，那种快乐的感觉也就自然而然地跟随在你身边了。

有人说："小时候，总觉得幸福是一件很简单的事情，长大之后，才发现，简单才是一件最幸福的事情。"

我颇有同感。其实，每个人的生命都有自己的特色，每个生命历程中都有起起落落的时候。每个人的理想总是与现实有很大的差距，如果事事都要苛求完美，希望自己一辈子一帆风顺，希望别人有的自己也有，别人没有的东西自己也要有，生活就会变得忧伤和沉重起来。或许，知足常乐，好好地享受当下的时光的人才是最幸福的。

年少的时候，我经常听老人们说"知足常乐，知足常乐"，那时候，我并不理解这句话的深刻含义，只觉得说起来很顺口，也就时不时地跟着学了。长大后，我终于明白了这四个字的真实含意，每每遇到不顺心的事情时，总会用这四个字安慰自己。再长大些的时候，才发现，对于这句话的含意，不同的人有不同的理解，同一个人在不同的年龄及生活阶段对其也会有不同的理解，而我自己对这句话的理解也渐渐随着年龄的增长和阅历的丰富而改变。

以前，以为知足常乐的意思是教人不要有进取之心。现在我明白了知足并不是让我们失去进取之心，而是让我们怀有感恩之心。只有学会感恩，内心才会平实，内心平实了，才能够快乐地享受生活。

我看过这么一个小故事，故事是这样的：

明朝金溪有一位叫作胡九韶的人。他的家境很贫困，一面教书，一面努力耕作，仅仅可以衣食温饱。每天黄昏的时候，胡九韶都要到门口焚香，向天拜九拜，感谢上天赐给他一天的清福。妻子总笑他说："我们一天三餐都是菜粥，怎么谈得上是清福？"胡九韶说："我首先很庆幸生在太平盛世，没有战争兵祸。又庆幸我们全家人都能有饭吃，有衣穿，不至于挨饿受冻。第三庆幸的是家里床上没有病人，监狱中没有囚犯，这不是清福是什么？"

是啊，幸福其实很简单。不攀不比，知足常乐，活在当下，便可以成为一个幸福的人。

"眼睛一闭一睁，一天就过去了。眼睛一闭不睁，一辈子就过去了。"这是小沈阳在一个小品中的经典台词，令人过"耳"不忘。

是的，一辈子可以很短，也可以很忧伤，因为你在攀比中郁郁寡欢，唉声叹气，虚度光阴。一天可以很长，也可以很快乐，因为你不攀不比，知足常乐，可以享受当下的幸福，享受生命的活力，享受生活的美丽。

"何须浅碧深红色，自是花中第一流。"或许，我们可以像桂花一样，不必去羡慕其他名贵的花儿有多么绚丽多彩，多么引人注目。只要明白自己的特色是什么，保持自身内在的美丽，就是花中的佼佼者了。

流水桃花，悄然绽放

  时光的钥匙，悄悄打开缘分之门。丘比特之箭，带着爱的种子，射穿心房，爱情的花朵，在心田悄然绽放。从此，有一个人，躲在梦中，藏在心灵，爱的芬芳，红遍一路青尘。

  月光流泻，真情溢满庭院。笛声悠扬，动听婉转，思念，穿越了梦境。缘起本偶然，思君之时，将搁浅的文字渲染于墨，一份眷恋，落入素笺，采撷一怀花香，染醉诗篇，一阕长相思，美了天上人间。

  德国诗人歌德曾经写过一句话："哪个男子不钟情，哪个少女不怀春。"

  是的，在这个世界上，每个男孩都会在青春年少时遇到自己钟情的女孩，每个女孩也会遇到令自己心动的男孩。

  爱情是很美好的一件事情。能与自己心仪的人携手同行人生路，一起看花看海看日落，是一件多么惬意的事情。

  关于爱情，有很多很多的传说。

  传说中，有朵彼岸花，开一千年，落一千年，花叶永不相见。情不为因果，缘注定生死。

  传说中，那些对爱情执着同时又不惧怕困难和危险的人，可以在秋分的时候得到那一米阳光的照耀，而因此过上幸福美满的生活。

传说中，阴曹地府里有块三生石，能照出人前世的模样。前世的因，今生的果，宿命轮回，缘起缘灭，都重重地刻在了三生石上。千百年来，它见证了芸芸众生的苦与乐、悲与欢、笑与泪。该了的债，该还的情，三生石前，一笔勾销。

传说中，只要在心爱的人手里画圈圈，下辈子还可以再相恋。

关于爱情，古今中外，有很多很多脍炙人口的诗歌。我喜欢朗读席慕蓉的《一棵开花的树》："如何让你遇见我，在我最美丽的时刻，为这我已在佛前求了五百年，求他让我们结一段尘缘。佛于是把我化作一棵树，长在你必经的路旁……"我也喜欢轻吟卓文君的《白头吟》："愿得一心人，白头不相离。"我更喜欢吟诵秦观的《鹊桥仙·纤云弄巧》："两情若是久长时，又岂在朝朝暮暮。"

在李清照早期诗词的创作中，也有很多憧憬爱情的词句。一首《浣溪沙·闺情》，用鲜明生动的词语，描绘了一位聪慧可爱的少女，她对幸福和自由的追求既真挚，又炽烈、大胆。

浣溪沙·闺情

秀面芙蓉一笑开，斜偎宝鸭衬香腮，眼波才动被人猜。

一面风情深有韵，半笺娇恨寄幽怀，月移花影约重来。

这是李清照早期的作品。描写的是一位风韵秀丽的女子与心上人幽会，又写信相约其再会的情景。语言活泼自然，格调欢快。

我们知道，李清照的词作大概可分为两个时期——前期和后期，即北宋之末与南宋之初两个阶段。前者以闺怨相思为主，后者则多表现出消极绝望的情绪来。但这首词与这两种风格都不太一样，应该属于词人最早一批描写纯真爱情的词作。当时的词人尚处在少女时期，对美好的爱情充满向往，心之所思，落到笔端，更丰富地体现了女性细腻的心思。

词中，那一位美丽的少女，明眸皓齿，款款而来，那样清丽高雅。少女一笑，红颜晕开，落入别人眼里，芙蓉贴饰也像芙蓉花儿般迎风绽放。情窦初开的少女，是最为美丽自信的。

纯真莫过于少年心。一个美貌的少女，又贴花饰，又戴宝鸭，着意打扮自己，巧笑倩兮，美目盼兮，满腹心事都写在一举一动中。

她偷偷喜欢上了一个人，时不时地想起他，越想越高兴，却又有些害羞，怕别人发现自己把初恋挂在脸上，于是她心里不停地打起鼓来。也许，别人并没有注意到她的表现，也不可能知道她心里在想什么。但是在她看来，似乎自己不同寻常的打扮，一定会引起别人的注意。所以，她有些难为情。这种狐疑更给少女添了一分天真羞怯，也更显生动。

或许，少女盼不到心爱的人来看她，只好以书信的方式，寄去自己的一片相思。书信中说："月移花影约重来"。

明月上移，花影摇动，到那时我们来幽会吧！花前月下，自古以来，都是少男少女约会的浪漫之地，女主人公的信笺带着美好的憧憬和等待。

情窦初开的时光，爱情很美，"爱情"这个词也很动人。悠悠岁月，有一段诗样的年华，最幸福的事情，就是有人在不远处，为你书写款款深情。最值得骄傲的事情，就是有人用真情，为你弹奏一首爱的乐曲。这段年华，尘嚣渐远，寂寞渐远，有一朵美丽的并蒂莲，在心田悄然绽放。

爱情就像一个魔圈，身处其中的人，一颗心总会患得患失，时忧时喜。有时倩然一笑，美丽活泼；有时眼波流转，细腻羞涩；有时凝视花月，苦苦思恋。思之不得，写信抒怀，大胆追求。这些行为看起来似乎很矛盾，却真实地道出了一个初恋少女的复杂心情。在封建家长制婚姻的背景下，词中女主人公的追求是大胆的，也是美好的。这正寄寓了李清照对美好爱情的向往与追求。

在婚姻嫁娶非常讲究的封建社会里，很少有女孩子这么大胆直白地去追求爱情。很多人都知道，在中国古代，男女结婚没有媒婆是不成的，即便是私定终身，也得在形式上请一个媒人来说亲。

《诗经·南山》的《氓》中有一句话叫作"匪我愆期，子无良媒"，说的就是当时婚姻如果没有媒人不可嫁的现实。

但无论如何，婚姻大事是关系男女终身幸福的大事，如果完全抛开当事人的意愿，仅凭"父母之命，媒妁之言"，这样的婚姻很多都是不幸福的。

因为在古代，很多家长会以子女终身大事，作为攀龙附凤、谋取钱财的途径，酿成了不少爱情悲剧。像梁山伯与祝英台的"你情我愿终不悔，只有共死化蝶飞"，刘兰芝与焦仲卿的"约定黄泉相见，双双殉情死"。乃至唐朝洛阳城女子步非烟的不幸遭遇。她才貌双全，却只能依照父母之命嫁给河南府功曹参军武公业为妻，武性情耿直，粗犷躁烈，只晓得舞刀弄斧，步非烟的才情到了他那儿完全是对牛弹琴。尽管他对步非烟宠爱有加，步非烟还是红杏出墙，后来事情败露，被武公业活活鞭打致死。

这些由父母之命，媒妁之言而定下的不幸婚姻，都是封建社会男女爱情的悲剧写照。

我想，李清照是幸运的，因为她可以嫁给自己喜欢的人。也许我们该庆幸自己生活在一个可以自由恋爱的年代。不过，身边的很多故事却告诉我们，爱情是美好的，但婚后的生活过成什么样，完全在于自己，因为近几年来，自由恋爱下的离婚率也越来越高了。

有人说："爱情是婚姻的基础，婚姻是爱情的终点。"

也有人说："爱情是美好的，但婚姻却是爱情的坟墓。"

还有人说："婚姻虽然是爱情的坟墓，但是没有了婚姻，爱情便死无葬身之地了。"这世上有千千万万种人，对于爱情和婚姻的解读就有千千万万种。

或许，真正的幸福不在于形式，而在于内心。现实生活中，恋爱时的双方总是会把自己最美好的一面呈现在对方眼前，恋爱中的女人是温柔贤惠大方的，恋爱中的男人是善解人意嘘寒问暖的。结婚后，很多人却再也感受不到这种温馨的感觉了。

或许，这就是人的本性吧，再美的爱情也需要双方用心去经营。即使婚后发现对方的不足也要互相体谅，珍爱彼此。因为两个人长时间待在一起，总会有这样或者那样的不顺心，岁月长久的伴随会产生一些分歧，不管是什么矛盾，都需要理智分析与宽容妥协。不然的话，美好的爱情也就如镜中花，水中月，只能观看，无法触摸了。

流水桃花，悄然绽放。持一颗真心，珍惜有缘人，方能洒脱地徜徉在美好的尘世间。

蹴罢秋千，尘缘相望

芳华待尘缘，转角遇到爱。

相遇，是一个特别动人的词。在这茫茫人海中，有很多很多的相遇。或许，没有人刻意去计算过，每天会有多少人与你相遇相识相知，每天又会有多少人与你擦肩而过，转身又成陌路。只知道，相遇无处不在。

有人说："茫茫人海中，相遇是缘起，相识是缘续，相知是缘定。"有时候，我总会想：相遇的美丽，是今生心与心之间的相约，还是三生情缘的呼唤？

有人说，相遇的故事，是转经筒上的缘，很多人穿越了千年的约定，才能遇见。佛书上讲："五百年前的一次回眸，才能换得今生的擦肩而过。"那需要多少次的回眸，才能换来今生的相遇相识和相知？

世界上是不是真的有三生情缘，前世的因，今生的缘，来生的约定，是否真的可以成就人生最美的相遇？

有些人，忽然遇见，便有一种似曾相识的感觉盈满心田。或许，那就是早已刻入三生石的情缘。千年前曾与你携手共梦云水间，执笔蘸墨，共同谱写过无数的爱恋。今生再遇见，用一世温情，把旧梦重演。

琼瑶阿姨曾经写过一首歌，叫作《相遇的魔咒》："相遇一定是一种魔咒，让我甘于被你看守，记得当初你的一举一动，记得你阳光般的温柔……"

是的，相遇一定是一种魔咒，每个人走在漫长的人生路上，总会经过很多地方，看过很多风景，经历很多事情，遇见很多人。每一次不经意的相遇，都会成就一段不平凡的故事。每一段不经意的相遇，都会让自己的身边多一些朋友、同事，乃至知音。

不是所有的相遇都能成为永恒，但是能相遇相识的人必定有缘，无论缘深缘浅，都是一种美丽的情缘。都值得好好珍惜，若不珍惜，那最后也只能相忘于江湖了。

相遇了，是一种幸福，相惜着，是一种温暖，无论是亲情还是友情、爱情，都要好好呵护。因为相遇，只是一个美好缘分的开始；珍惜，才是美好缘分的延续。

张爱玲说，遇见他，我便变得很低很低，低到尘埃里，然后从尘埃里开出花来。是的，在这个世界上，我们总会遇见一个人，并甘愿为他低眉于烟火人间。这不是一种卑微，而是对相遇最美的珍惜，就如李清照遇见赵明诚。也许，在流逝的时光中，谁也握不住天长地久，但是，只要珍惜，于红尘深处共做流年，便不枉费那一段锦绣年华。

李清照的一首《点绛唇·蹴罢秋千》，就是一次美丽的相遇：

点绛唇·蹴罢秋千

蹴罢秋千，起来慵整纤纤手。露浓花瘦，薄汗轻衣透。

见客入来，袜刬金钗溜。和羞走，倚门回首，却把青梅嗅。

这首词是李清照早期词作的名篇之一。词中描写少女初次萌动的爱情，真实而生动。上片写荡完秋千的精神状态，下片写少女乍见来客的情态。

少女荡完秋千，正累得不愿动弹，突然花园里闯进来一个陌生人。词中虽未正面描写这位突然来到的客人是谁，但从少女的反应中可以印证，他一定是一位翩翩美少年。或许，这就是一次美好的偶遇。

有时候，读着这首词，我也会想起青春年少时那些一闪而过的心动，那些纯真的笑脸。年少时栽种的相思，早已被时光淡忘，那种青涩的感觉却在记忆中筑起了城堡，常驻于心。当青春不再慌乱的时候，岁月已经向晚。在向晚的岁月里，细细咀嚼已经远去的初恋时光，虽难忘，但已淡然。

我觉得，文字是有灵性的，总能写出风花雪月中那些无法解读的温暖。李清照的词尤为如此。在她的这首《点绛唇·蹴罢秋千》中，有个少女的梦，那个少女的梦，挂在秋千上，随着时光，来回飘荡。荡过了年少轻狂，荡过了懵懂无知，荡来了美好情缘，那个秋千，在碧草蓝天间定格成生命中的亮点。

这是一个很温馨的场景：

清晨，太阳还没有露出笑脸，女主人公已经"蹴罢秋千"，锻炼完身体。或许，打秋千的时候用的劲儿特别大，以至于现在休息的时候都懒得去搓一搓、揉一揉自己的手腕。

花园里的花还没完全开，花上面还有露珠，荡了很长时间的秋千之后，她的身上出了一层汗，或许汗水已经把衣服都浸透了。正在那儿收拾东西，准备回去的时候，突然有一个人闯到这个后花园里来了，没有任何防备，她连鞋都没来得及穿，穿着袜子就往后面跑。跑得太急了，头上的金钗也掉下来了。

一瞬间，刚才那个健康快乐、活泼自然的美好形象全毁了。那个突然闯到后花园里来的客人，使得她惊慌失措，手忙脚乱。

或许这是她很想见到的人，但是并不想在这个时候见，因为她没有梳妆打扮。他正好在她最不好看的时候来了，她想躲开，却又舍不得，还想回过头来，把那人瞧一眼。所以她"和羞走，倚门回首，却把青梅嗅"。

或许，这个世界真的很小，每一次转身，都不知道自己将会遇到谁，也不知道一转身，谁又会悄无声息地消失。谁都想把最完美的一面呈现给喜欢的人，让自己成为对方最美好的独家记忆。但偏偏很多时候，期望总与现实相反。

有人推测，这首词写的是李清照与赵明诚相遇见面的一个情景。我们都知道，李清照与赵明诚相互倾慕对方的才华与为人，有着共同的感情基础，可谓是志同道合，两情相悦。如果这是他们相遇的一个情景，那么，这种相遇是美好而快乐的。

或许，李清照和赵明诚的相遇并非偶然吧。我们都知道李清照是一个聪明活泼，博览群书，很有见地的女孩子，当时，她写的诗词在士大夫中间流传很广，很有知名度。早在他们见面之前，赵明诚已经对李清照很倾慕了。

他们的爱情缘于一次美好的邂逅。有一天，赵明诚与李清照的从兄李迥外出游玩，在元宵节相国寺赏花灯时认识了李清照。赵明诚早就读过李清照的诗词，本已赞赏不已，此时一见，便产生了爱慕之意。

元代的《嫏嬛记》里，曾经记载过这么一个故事：有一天，赵明诚在家里睡觉，突然做了一个梦，梦醒之后，觉得这个梦很奇怪，就揣着这个梦，去找他的父亲，说："我今天梦见一本书，上面的其他内容都记不得了，只记得其中有三句话，我不知道什么意思，请父亲给我解一解这个梦，这三句话叫作'言与司合，安上已脱，芝芙草拔'。"

他的父亲一听到这三句话，就猜到他的儿子爱上某个女孩子了，马上给他解梦说："'言与司合'这不就是一个'词'吗？'安上已脱'那不底下就是一个'女'吗？'芝芙草拔'去掉草字头，底下不就是'之夫'两个字吗？你这三句话合在一起就是'词女之夫'，你是要做一个会写词的才女的丈夫。"

虽然在那时候也有其他女孩子在写词，但真正能够让赵明诚倾心的，真正有才气的词女，在官宦的子女里面，只有李清照了。

据说，这其实是赵明诚设的一个局，他看上了李清照，自己不便明说，就编了一个梦，请他父亲给他解梦，借着他父亲的嘴把他的愿望说出来。

赵明诚的父亲跟李清照的父亲李格非是同乡。是当朝的吏部侍郎，从三品。他精明干练，政绩突出，但他是属于当时所谓的变法派，所以跟反对变法的旧党人物之间的矛盾特别尖锐。偏偏李格非是属于反对变法这个队伍的。这点对赵明诚和李清照的婚姻很不利。

李格非是"苏门后四学士"之一，苏轼对于李格非的才华是很欣赏的，而李格非跟苏门其他的弟子之间关系也非常密切。

苏轼非常反感赵挺之的行为作风，他对他的评价是："聚敛小人，学行无取，岂堪此选。"传说苏轼的弟子，"苏门六君子"之一的陈师道，与赵挺之的女婿是朋友。陈师道家里很穷，冬天没有棉衣穿，他的夫人就向赵挺之的家里人借了一件棉袍给她丈夫，陈师道知道这件衣服是从赵挺之家里来的，坚持退回去，结果出去参加活动的时候得了寒病，死了。

李格非的性格刚直不阿，廉洁自律，而且疾恶如仇，当时正好在朝廷里担任礼部员外郎。官比赵挺之低一点。他跟赵挺之所属的政治派别有点水火不容，想要结儿女亲家似乎不太容易。所幸当时李格非和赵挺之都不是两派的头领，矛盾还没那么深。

李清照和赵明诚能够相遇相知，最终结为良缘，虽然有机缘巧合在里面，但主要靠的是他们之间的感情。赵明诚喜欢李清照，欣赏李清照。李清照也欣赏赵明诚，因为赵明诚虽然出身在高官之家，身上却没有一点纨绔子弟的不良习气。他从小就喜欢收藏金石字画和文物。这种收藏，在当时的士大夫的圈子里，也是很有名气的。陈师道虽然不喜欢赵挺之，可是对赵明诚却非常欣赏，陈师道在外地做官，至少有两次亲自给他写信，想帮他选购一些碑刻的文字和金石文物。

李清照虽然长在闺中，但是她的思想很活跃，对于赵明诚也是有所耳闻的。在李清照眼中，赵明诚是一个非常优秀的夫君候选人。除了他的才华和人品之外，还有一个原因，就是赵明诚是太学里的太学生，在政治上很有前途。

在宋代，选拔官宦子弟以及优秀的平民子弟进入太学，太学里设了上舍、内舍和外舍三种等级，其中在太学里做到了上舍的太学生，不用参加科举考试，经过一段时间的学习和考试以后，可以直接做官，而且做的是京官。

才子佳人互有耳闻，他们的相遇相知和相恋，也就顺理成章了。或许，《点绛唇·蹴罢秋千》中的那次相遇，并不是偶遇，而是赵明诚特意来看李清照的吧，只是没有提前告知，她不知道而已。

有人说："找到对的人也许要花一生的时间，但有时候爱上一个人却往往在相遇的一瞬间。"在茫茫人海中，李清照与赵明诚相遇相知相惜，这是难得的一份情缘。虽然当中也有磕磕绊绊，但依然相亲相爱，相敬如宾，成为人们心中的恩爱夫妻。

携子之手，与子偕老

生命中最大的幸福，就是拥有一个懂你的人，这个人不一定十全十美，但他可以走进你的心灵深处，读懂你的一举一动，一颦一笑，而且他会陪在你身边，默默守护你。或许，他不会说很多爱你的话，不会给你很多浪漫的惊喜，却会做很多爱你的事情。

在我看来，花前月下，再多的甜言蜜语，都比不上一起面对柴米油盐酱醋茶时，那平凡生活中的点滴关怀和细心呵护。

赵明诚之于李清照，李清照之于赵明诚，或许就是能读懂彼此的人吧。他们俩一个是活泼聪明的才女，一个是众多妙龄少女所向往的对象。一个是吏部员外郎的女儿，一个是吏部侍郎的儿子，可以说是天造地设的一对。

他们的爱情延续可以用四个字来形容：志趣相投。因为夫妻俩都喜好读书，诗词唱和，共同收集金石古玩，校勘题签。

据说，赵明诚每每得到古旧书画、碑文等文物时，必是欢欣鼓舞地拉上妻子一同观赏、评价。而李清照有什么好的作品，赵明诚也会以艺术作品的标准去品读评赏。可见他对爱妻才学的肯定与欣赏。

有人说："门当户对不在于物质，而在于精神。维系一段婚姻的不是孩子，不是金钱，而是精神上的共同成长。"

是的，在精神上有共鸣的两个人，才能在陌生的人群中找到彼此，才能在迷惑和彷徨间，始终安详而从容地握着对方的手，一起走过阴天或晴天，直到生命的终点。

婚姻走得越久，精神上的门当户对就越重要。这对于经历过两段婚姻的李清照来说，是有深刻体会的。她的第一次婚姻因为与赵明诚不仅仅是物质上的门当户对，更是精神上的门当户对，所以她的快乐洋溢于字里行间。这种幸福的感觉，在她的《减字木兰花·卖花担上》中可见一斑。

减字木兰花·卖花担上

卖花担上，买得一枝春欲放。泪染轻匀，犹带彤霞晓露痕。

怕郎猜道，奴面不如花面好。云鬓斜簪，徒要教郎比并看。

这首词截取了作者新婚生活的一个侧面，通过买花、赏花、戴花、比花，生动地表现了女主人公天真、爱美和好胜的脾性，显示了她放纵恣肆的独特个性。

词中的李清照天真烂漫，她在自己的童话世界里自由奔跑，不知道忧愁是什么，或许，命运也喜欢嫉妒人，所以，它在往后的生活中给予她非比寻常的忧伤和痛苦。她和赵明诚有最美丽的相遇，也有最凄切的别离。

有人说："世间所有的相遇都是久别重逢，如果有缘就会再次相遇。"有一段时间，我常常在想：究竟缘是什么？谁来定这份缘？如果真有生命轮转，李清照和赵明诚是否还会再次相遇并结为夫妻？

或许，男女之间的缘分，真的是月下老人定的吧？传说冥冥之中，有个月下老人，他手中有一本姻缘簿，姻缘簿上记载着人世间每一对能结成夫妻的人的名字。月下老人以红绳相系男女，确定男女姻缘。

在唐代，人们都认为命中注定的婚姻是不讲门第的，只要有缘分，哪怕是贵贱贫富或者天差地别，男女双方有着不同的地位、不同的阶层，甚至两家原来有着深刻的仇恨，都不要紧。哪怕是天南海北，一个住在大城市，另一个住在偏僻的农村，也无所谓。只要有缘分，就能成就美满的婚姻。

在我的印象中，很多故事都是这么写的，要么是一个美丽的公主爱上了一个穷书生，要么是一个高傲的王子爱上了一个善良的灰姑娘，似乎这样的爱情才是人世间最灿烂、最金贵而且最浪漫的爱情。像李清照和赵明诚这样门当户对的恩爱夫妻似乎并不多见。

或许，在社会等级差别很大的情况下，两个门不当户不对的人，也会激发出特别伟大的爱情。但现实生活中，有很多故事告诉我们，在门当户对的基础上产生爱情的可能性会更大，而且一旦产生之后，它也会更具持久性。前提是，这不仅仅指的是社会地位、经济地位的门当户对，更重要的是夫妻双方之间在审美情趣、知识水平和思想境界等方面都要门当而户对，只有这样，两个人的感情和婚姻才能维持得更加长久。

看起来，李清照和赵明诚这段情缘似乎很美好，他们两情相悦，互相欣赏，他们的父母之间也不反对。但是他们的父母是不是真心成全这对有情人呢？毕竟，他们的父亲在朝廷中站在不同的队伍里，他们两个相遇、相识和相爱的时刻，恰好是宋徽宗刚刚继位的时候。

据说，赵挺之之所以同意儿子娶李清照，是为了自己的仕途考虑。在这段看似美满的婚姻背后，也隐藏着不为人知的政治目的。

李清照出嫁的时候，正是徽宗建中靖国元年，宋徽宗赵佶继位时才十八岁，皇太后向氏垂帘听政，他们俩在变法问题上观点不同。宋徽宗想变法，皇太后不想变法。执政者把朝中大臣分成两派，矛盾颇深。朝廷上下，人心惶惶。

赵明诚的父亲赵挺之是吏部侍郎，属于新党一派。李清照的父亲李格非，属于旧党一派。或许赵挺之与李格非的联姻，无非是想让自己在朝中进退自如，赵明诚与李清照也只是他手中的两颗棋子罢了。

毕竟，宋徽宗刚继位时，执行了一个折中政策，他既不偏袒新党，也不偏袒旧党，所以他立的国号叫"建中靖国"，不偏不倚。在这样一种政策下面，新党和旧党的冲突和矛盾，也就慢慢地趋于缓和了，这是李清照和赵明诚能够顺利结为夫妻的原因之一。

　　当然，还有更重要的一点是，赵挺之和李格非虽然分属于新党和旧党，但他们两个都不是新党和旧党的领袖，他们只是里面的成员，所以他们两个人之间没有很深的过节儿，也没有直接的政治冲突，更何况两个人同朝为官，又都是山东人。所以在这样一种大的环境和小的环境下，他们看到自己优秀的儿子和优秀的女儿，能够两情相悦，结为百年之好，又有什么可以阻挡的理由呢？

　　我想，李清照和赵明诚的相知相爱，也算是幸运的，如果当时李格非像一些固执的家长一样，不同意自己的女儿嫁给对立派的儿子，历史上也就少了这一段佳话。在父母之命，媒妁之言的封建社会，能够相识相恋并得到父母双方支持的才子佳人并不多，他们真是不幸中的万幸。

　　那年，赵明诚二十一岁，李清照十八岁，在父母的认可下，顺理成章地结为百年之好。或许他们称不上人间的神仙眷侣，因为他们生在那个多劫多难的年代，夫妻俩聚少离多。所以，幸福的生活中也掺合进了丝丝烦恼。但无论如何，新婚燕尔的李清照觉得自己是幸福快乐的。所以，她写下了这首《减字木兰花·卖花担上》，词里的场景是那么美好，词里的女主人公是那么俏皮可爱。

　　春天到了，她看到卖花郎挑着花担卖花，便掏钱买来了一枝鲜花，这枝鲜花上面还有点点的露珠，看上去非常漂亮。她左看右看，看了一会儿，忽然有些担心了。她担心这花这么好看，自己拿回家以后，丈夫看了，会不会只喜欢花而不喜欢她了。因为他可能会觉得花儿比人生得还漂亮，所以她写道："怕郎猜道，奴面不如花面好。"

　　看到这里，或者我们会觉得李清照很幼稚可笑，但其实我们进一步想想，李清照这时候也才十八九岁，本来就是青春年少、青春焕发，她又饱读诗书，气质清丽高雅，怎么会担心连一枝花都比不过呢？她之所以这么故意要猜疑赵明诚的想法，之所以要故意去嫉妒这一枝鲜花，其实就是想借诗词告诉丈夫，她很在乎他，也是想告诉别人，在赵明诚的眼里，她永远都是最漂亮的那个唯一。

据说，女词人写词，都有一种很纤细的内心活动，总喜欢正话反说，当她说是的时候，往往是说不是；当她说不是的时候，往往说就是。所以她接下来才说"云鬓斜簪，徒要教郎比并看"。她把这枝鲜花插在发髻上，要等丈夫从太学回来时看看谁更漂亮。其实她心里很清楚，赵明诚肯定会说：花美人更美！

一首《减字木兰花·卖花担上》，可以让我们窥见李清照和赵明诚两情相悦的幸福生活，也可以让我们细微地体察到李清照对自己婚姻状态的满意程度，虽然她借助的意象只是一枝鲜花而已。

李清照带着闺中少女的天真烂漫，就这样步入了爱河，走进了婚姻的殿堂，她的美好人生为我们留下了一部爱情经典故事。

"谁，携我之心，融我半世冰霜；谁，扶我之肩，驱我一世沉寂；谁，唤我之心，掩我一生凌轹。谁，弃我而去，留我一世独殇；谁，可明我意，使我此生无憾……"每每读到这样的文字时，我的心里总会想起李清照和赵明诚的故事。

"有情不必终老，暗香浮动恰好。"在这个世界上，难得遇到一个对的人与自己相亲相爱，一起走这漫漫人生路。也许有时候什么话也不说，只是默默牵手，慢慢走过人生的每一个十字路口，只要把真心放在手心，一起握紧，这一路的风景便会无比美丽动人。

相濡以沫，幸福美满

幸福是什么？

有人说："幸福就是一辈子都有用不完的钱。"

有人说："幸福，就是心中有爱。与金钱名利无关。"

有人说："幸福就是一辈子无病无痛，健康终老。"

还有人说："幸福就是得一知己为伴侣，相伴一生一世。"

大千世界，芸芸众生，对同样的事，不同的人会有不同的想法和观点。比如，格局完全一样的房子，有些人喜欢住在最高层，有些人却喜欢住在最底层。比如，一份同样的工作，有些人愿意为它付出汗水，奋斗终生，有的人却交上辞职信，浪迹天涯，寻找更适合自己的工作机会。每个人的生活境况不同，每个人的生活经历也不同，所以大家对幸福的解读都各不相同。

我曾经读过这么一个故事：有一个富人，他每个月都要去海滨度假，每次度假的时候都会看到同一个乞丐在海边懒懒地晒着太阳，富人很想去劝乞丐工作，以改善生活境况，于是就有了下边的对话：

富人：你怎么不去工作而整天在这里晒太阳呢？

乞丐：我为什么要去工作呢？

富人：去工作可以赚很多的钱呀。

乞丐：为什么要赚那么多钱呢？

富人：赚了钱就可以来这里享受假日晒太阳啊。

乞丐：我没钱，现在不是好好地在这里晒着太阳吗？你有钱不也是在这儿晒着太阳？你有钱了一个月才能来一次，我没有钱却可以天天在这儿。

相信很多人都读过这个故事。人为什么会觉得自己很幸福，就是因为自己的欲望得到了满足。当欲望无法得到满足的时候，幸福感就荡然无存。有时候想想，人的一生似乎都是为了满足欲望而来的。

按照马斯洛的需求层次理论，人有各种各样的需求，这些需求会驱使人产生出各种各样的欲望，当欲望得不到满足的时候，人就会觉得自己不够幸福，有些人甚至会因为产生很强的失落感而悲观厌世。

对于幸福，李清照也有她自己的解读，她的幸福都融化在一词一句中。《丑奴儿·晚来一阵风兼雨》这首词告诉我们，李清照的幸福来自她和赵明诚的婚姻。她对幸福的追求不是金钱，不是名利，而是一种夫唱妇随，纯真纯朴，既淡泊却又不失高雅的生活。

丑奴儿·晚来一阵风兼雨

晚来一阵风兼雨，洗尽炎光。理罢笙簧，却对菱花淡淡妆。

绛绡缕薄冰肌莹，雪腻酥香。笑语檀郎，今夜纱厨枕簟凉。

这首词是李清照在新婚后的第二天写的。

向晚轻雨，暑热之气为之顿消。女子一支筝曲才罢，又在菱花镜前轻施淡妆。对镜卸去重纱，只着薄如蝉翼的轻衫，冰肌玉肤若隐若现。她皓腕凝脂，体香芬芳，眉目传情。嗔笑着对那良人说道：今晚的枕簟一定很凉爽。

沉浸在甜蜜爱情中的女子，总会为心爱的人而专心打扮自己。

春秋战国时期，四大刺客之一的豫让，自刎之前留下千古绝唱"士为知己者死，女为悦己者容"。

是的，男人有人欣赏方有才，女人有人爱慕才美丽。人生难得一知己，俞伯牙失去了钟子期，《高山流水》就变得毫无意义；梁山伯的逝去，祝英台甘愿追随，与他一起双双化成蝶；李甲的薄情寡义，让杜十娘舍了装满百宝的箱子，葬了绝世的容颜。这世间无数感人的故事，都源于一个"知"字。

李清照把赵明诚视为知己。为他细心装扮容颜，为他抚琴、赋词、吟唱诗篇词章。这段时光，岁月静好，琴瑟和鸣。

或许，人生中最美的也就是这样一段时光：夜深人静之时，有人可以相依相伴。一杯茶凉了，有人可以帮忙续上；一根弦断了，有人可以帮忙接连；一颗心累了，有人可以给你倚靠的肩膀。

或许，在某些人看来，李清照和赵明诚的生活应该是很富裕的，毕竟他们来自两个官宦的家庭。这对不缺钱的夫妻，不用为柴米油盐酱醋茶的事情烦忧，自然可以在花前月下浪漫地吟诗作对，谈情说爱。

但事实并非这样。赵挺之和李格非虽然都是高官，但是他们也是贫寒读书人的出身，他们的家风很严，从来不会让自己的孩子养成乱花钱的毛病。所以，两家人都没有把赵明诚和李清照养成纨绔子弟。

结婚之后，双方父母也没有给他们更多零花钱和私房钱。赵明诚当时又只是一个太学生，经济收入不高，即使后来从太学毕业，做了七八品的官，俸禄也只是刚好养家糊口。再加上赵明诚喜欢收藏古文物，研究金石字画。这样的经济情况，根本谈不上富裕。

另外，李清照的幸福感也不是来自与丈夫每天的形影不离，耳鬓厮磨。因为那时候的赵明诚还在太学，每个月只有初一十五才能请假回家。她的幸福感来自她与丈夫的志同道合，志趣相投。她结婚后，对丈夫的金石字画和文物收藏也产生了很大的兴趣。他们一起收集金石，一起鉴别文物。

虽然他们没有太多的钱，但他们也不是特别穷。当然，要购买金石文物是需要一大笔钱的。没有钱并不影响他们对金石字画和文物收藏的热爱。据李清照在《<金石录>后序》的记载,每次赵明诚回家,都会跟她一起去当铺典当衣服。夏天典当冬装,冬天典当夏装。每次换回来五六百钱后,便高高兴兴地去著名的大相国寺淘文物。

或许,很多人都知道,在宋代,大相国寺不但是东京汴梁最大的寺庙,还是一个非常重要的举行庙会的地方,每个月都要举行好几次大型的庙会,那里卖什么的都有,也可以说那里面有民间的文物市场。他们挑到好的物品之后,就会带回家,挑灯夜观,心满意足,那样一种愉悦的心情,是任何金钱都换不来的。

看过李清照和赵明诚的故事,我总会想起欧·亨利《麦琪的礼物》中的那一对小夫妻,在圣诞节来临的时候,他们都给对方精心准备了一件特殊的礼物,丈夫杰姆为了给妻子的美发配上一套梳子,卖了自己的金表,买了梳子。妻子德拉为了丈夫的金表卖了自己的美发,买了一条表链。当他们互赠礼物时,才发现自己准备的礼物已不是对方需要的,其实不然,他们得到了比梳子和表链更珍贵的礼物,那就是爱。

相爱有很多种方式,不管是李清照和赵明诚,还是杰姆和德拉,能够相濡以沫,不离不弃的爱是最为感人,也是最为幸福的。

村上春树的书里有一句话:"对相爱的人来说,对方的心才是最好的房子。"夫妻之间能够用真心交换真心,以诚相待,何尝不是一件幸福的事情?

其实,幸福,很简单,不是吗?

一种相思,两处闲愁

在爱情的海洋里,我在此岸,你在彼岸。惊涛拍岸,浪花激荡,我们的距离太遥远,远得根本看不清对方。只有托天上的大雁,把思念相传。

李清照和赵明诚的婚姻虽然幸福,但长期两地分居,也难免令人产生愁绪。李清照经常把自己的思念写入信笺,寄给赵明诚。《醉花阴·薄雾浓云愁永昼》便是其中的一首。

醉花阴·薄雾浓云愁永昼

薄雾浓云愁永昼,瑞脑消金兽。佳节又重阳,玉枕纱厨,半夜凉初透。
东篱把酒黄昏后,有暗香盈袖。莫道不消魂,帘卷西风,人似黄花瘦。

这首《醉花阴·薄雾浓云愁永昼》,相信很多人都读过。据说,此词是作者婚后所作,十八岁的李清照嫁给太学生赵明诚,婚后不久,丈夫便"负笈远游",深闺寂寞,她深深思念着远行的丈夫。公元1103年(崇宁二年),时届重九,人逢佳节倍思亲,便写了这首词寄给赵明诚,抒发的是重阳佳节思念丈夫的心情。

重阳节来临之时,李清照思念远方的丈夫,写下了这首著名的《醉花阴·薄雾浓云愁永昼》，用以寄托相思之情。

赵明诚不在家，家里一切都是那么凉冰冰的，没有一点生机。她的心情黯淡，喝上几杯酒，暖暖自己差不多快要凉透了的这颗心。

黄昏时分，她更加思念在远方做官的他。喝上两杯酒，喝着喝着，突然闻到一股暗香，人在不经意的时候，面对突然袭来的一阵香，难免会觉得惊奇。这香味更加让自己沉醉而混乱。

重阳是菊花盛开的时候，当时的菊花开得极盛极美，她一边饮酒，一边赏菊，染得满身花香。然而，她又不禁触景伤情，菊花再美再香，也无法送给远在异地的亲人。

词人心里自语：你再不要问我，是不是这个时候我已经黯然神伤，是不是我这个时候早已经是泪流满面。你且看，西风卷帘时，那人儿比那黄花还要消瘦，还要憔悴。

读完这首词，我忆起黄安的一首歌："明明知道相思苦，偏偏为你牵肠挂肚。经过几许细思量，宁愿承受这痛苦……"

或许，对于相爱的人来说，思念虽苦也甜啊。

据一些资料记载，李清照把这首《醉花阴·薄雾浓云愁永昼》写完之后，寄给了在外地做官的赵明诚，寄托自己做妻子的一份相思之情。赵明诚看了以后，刚开始心里既感慨又赞叹，后来却又生出几分惭愧来，觉得妻子的词写得比自己好。自己好歹也是个太学院毕业的官员，也得写几首词，让妻子看看他不但会鉴赏文物、收藏金石，而且在才情方面也毫不逊色。

为了写出一首好诗词，赵明诚特地向上级请了几天假，把自己关在小屋里，三天三夜废寝忘食，伏案写出了五十首词，这五十首词就是为了和《醉花阴·薄雾浓云愁永昼》而写的。

写出来后，赵明诚把李清照的《醉花阴·薄雾浓云愁永昼》掺到他这五十首词里，拿给他的好朋友陆德夫看。陆德夫是个对诗词很有鉴赏力的人，他仔细看了半天，说这么多诗词，只有三句写得好，赵明诚问是哪三句，陆德夫回答："莫道不消魂，帘卷西风，人似黄花瘦。"

我想，只有用一颗情真意切的心，才能吟出一首情真意切的词，一首情真意切的词，才是最令人称道和难忘的。

宋代晏殊的《玉楼春·春恨》中说："天涯地角有穷时，只有相思无尽处。"天涯地角再远也有穷尽终了那一天，只有怀人的愁思却是无限绵长，没有尽期的。李清照的一世相思，都藏在那凄美的诗句和词行中。

"一种相思，两处闲愁。此情无计可消除，才下眉头，却上心头。"这是李清照所写的另一首思念之词《一剪梅·红藕香残玉簟秋》。如今变成歌曲，广为传唱。

一剪梅·红藕香残玉簟秋

红藕香残玉簟秋，轻解罗裳，独上兰舟。云中谁寄锦书来？雁字回时，月满西楼。

花自飘零水自流，一种相思，两处闲愁。此情无计可消除，才下眉头，却上心头。

这首词在黄昇《花庵词选》中题作"别愁"，是赵明诚出外求学后，李清照抒写她思念丈夫的心情的。字里行间寄寓着作者不忍离别的一腔深情，反映出初婚少妇沉溺于情海之中的纯洁心灵。

伊世珍在《嫏嬛记》中说："易安结缡未久，明诚即负笈远游。易安殊不忍别，觅锦帕书《一剪梅》词以送之。"

电影《李清照》沿袭了伊世珍之说，当赵明诚踏上征船出行时，歌曲就唱出《一剪梅·红藕香残玉簟秋》的"轻解罗裳，独上兰舟"。

很多文学评论家在点评李清照的诗词时，都说她很善于用平常的、很通俗的生活化的语言,来表现细微的情感变化。这一点,我颇有同感。

"一种相思,两处闲愁。"李清照思念着赵明诚,赵明诚也同样思念着她。此时此刻,信笺是最能解救相思的良药。对于感情深厚,分居两地的爱人来说,能收到对方的书信,是一件非常快乐的事情,可快乐过后,又想起对方并不在自己身边,相思之情从眉头消散了。却又在瞬间重新浮现,再一次占据了心头。

有人说,拍照技术不好的人,很难捕捉到人的瞬间感情和表情的变化,很难拍出唯美又有特色的照片。其实,写诗写词写文章也一样,心思不够细腻的人,很难写出人物心情瞬间的变化。李清照的词,很善于捕捉这种转瞬即逝的表情和心情,并能用一两句话就勾勒得清清楚楚,所以,她是个写词的高手。

"休言半纸无多重,万斛离愁尽耐担。"——陈蓬姐的《寄外二首其二》。

是啊,半片纸虽然很轻,但却有着万般沉重的离愁要托付啊。

"多情自古伤离别。更那堪,冷落清秋节。"——柳永《雨霖铃》。

是啊,自古以来,相爱的人总会为离别而伤感,更何况是在这枯黄、冷清、凄凉的秋季。

读完《醉花阴·薄雾浓云愁永昼》和《一剪梅·红藕香残玉簟秋》,我想到现代社会很多分居两地的夫妻,想到那些因长期分居两地而离婚的夫妻,更深刻地体会到李清照和赵明诚离别的苦闷心情和她对爱情的珍惜与忠诚。

旦夕祸福，喜忧参半

宋朝的流年，还在低吟浅唱，曲折的故事，正在悄然上演。

生活，好像一个脑筋急转弯，很多时候，你以为答案应该是这样，但揭开谜底时却总是出乎你的意料。

吕蒙正在《破窑赋》中有："天有不测风云，人有旦夕祸福。""人生在世，富贵不可尽用，贫贱不可自欺，听由天地循环，周而复始焉。"

或许，正因为世事变幻莫测，所以，我们永远猜不透生活之谜。

有人说："命运是人生的导演。"我觉得这个导演很狡猾，他的剧本都是现写现拍，有时候还会心血来潮，临时更改，穿插一些悲剧情节，让人猝不及防，几乎崩溃。

有人说，世上的每个人都是人生舞台上的戏子。生旦净末丑，不同的角色上演不同的故事，如果故事情节都是喜庆的，那未免乏味了些。所以，人生剧本里总有喜怒哀乐惧。祸福相依，喜忧参半。

我觉得李清照在这个人生舞台上演绎的故事很精彩，她把生命中的大喜大悲都演了一遍，然后悄然退场，留给观众无数的念想和怅惘。

李清照是幸运的，能在那个父母之命，媒妁之言的年代，拥有一段相投相契的爱情。李清照也是不幸的，她和赵明诚甜蜜的爱情生活，并没有维持太久。

正当她沉浸在浓情蜜意的情爱世界里时，一场场突如其来的厄运降临到了她的头上。

想当年，李清照和赵明诚结婚的时候，正好是政治气氛比较缓和的时候。后来，宋徽宗在新党的领袖蔡京的鼓动之下，决心要继承宋哲宗和宋神宗的变法遗志，推行变法。宋徽宗的决定，转变了朝中大臣们的命运。

蔡京获得了提拔，赵挺之是蔡京的追随者，所以蔡京被提拔上去之后，他也很快得到提拔，没过多长时间，两个人就先后做了副宰相，一直到后来做了宰相。

得势的新党人物开始对落魄的旧党人物进行打击报复，特别是对那些在宋哲宗元祐年间得势的，像苏轼、苏辙以及他们的弟子等人，展开了攻击。李清照的父亲李格非是属于旧党派的，自然而然也成了被打击的对象。

政治冲突和政治矛盾出现的时候，儿女亲家马上成了冤家。朝廷先后两次下达诏书，列出了一张长长的黑名单，这张名单叫元祐党籍，其中有一张一百二十一人的黑名单，由宋徽宗亲自书写，把它刻到碑上，那个碑就叫"元祐党人碑"，竖在宫殿的门外。

李格非的官职丢了，接下来还会发生什么事情，谁也无法知道。据说，李清照为了救自己的父亲，向她的公公赵挺之提出了援救的请求。

南宋有一个人叫张琰，他在给李格非的文章《洛阳名园记》写序文的时候说了这么一句话："女适赵相挺之之子，亦能诗，上赵相救其父云：何况人间父子情，识者哀之。"意思是李格非的女儿嫁给了赵挺之的儿子，当李格非在这一场政治变故当中遭到不测的时候，李清照向她的公公提出了援救父亲的请求，这个请求是以诗的形式表现的。

如今，全诗已经找不到了，其中有两句流传了下来，"炙手可热心可寒，何况人间父子情"。此诗现在的标题叫作《逸句》，也有人写成《上赵挺之》，但肯定都不是原来的标题了。这两句诗既有她对父亲命运的关注，也有对公公的情理劝说，更有对公公"心可寒"的严厉指责。

尽管这次献诗救父失败，但是，当时年龄尚轻的李清照面对苦难时坚决抗争的意志，以及独立处世的坚强个性，令人钦佩。

这件事情让李清照彻底明白，在她那温馨美满的家庭生活之外，有着多么严酷的社会环境，这对她以后的成长、心智的成熟，以及她后来诗词的创作，都有着很重要的影响。

面对突如其来的灾难，面对政治上的恶风险浪，在国家危亡之秋，李清照不是被动地接受，而是在抗争中磨砺心志。这些品质，从她所写的政治讽刺诗中也可以看出来。如《浯溪中兴颂诗和张文潜二首》：

浯溪中兴颂诗和张文潜二首

其一

五十年功如电扫，华清花柳咸阳草。
五坊供奉斗鸡儿，酒肉堆中不知老。
胡兵忽自天上来，逆胡亦是奸雄才。
勤政楼前走胡马，珠翠踏尽香尘埃。
何为出战辄披靡，传置荔枝多马死。
尧功舜德本如天，安用区区纪文字。
著碑铭德真陋哉，乃令神鬼磨山崖。
子仪光弼不自猜，天心悔祸人心开。
夏商有鉴当深戒，简策汗青今具在。
君不见当时张说最多机，虽生已被姚崇卖。

其二

君不见惊人废兴传天宝，中兴碑上今生草。

不知负国有奸雄，但说成功尊国老。
谁令妃子天上来，虢秦韩国皆天才。
花桑羯鼓玉方响，春风不敢生尘埃。
姓名谁复知安史，健儿猛将安眠死。
去天尺五抱瓮峰，峰头凿出开元字。
时移势去真可哀，奸人心丑深如崖。
西蜀万里尚能反，南内一闭何时开。
可怜孝德如天大，反使将军称好在。
呜呼，奴辈乃不能道辅国用事张后专，
乃能念春荠长安作斤卖。

  这两首诗是我上初中的时候，无意间在一本古诗词中读到的，那时候印象并不深刻，因为诗句很长，不想去背诵。只是对照书中的注释，浅浅地翻译了一下诗句的内容，那时很佩服李清照，觉得她的胆量很大，一个小小的女子，在封建社会居然敢说真话。

  后来在师范学校再次读到这两首诗，了解了李清照写下这两首诗的背景，才知道她如此关心国家大事，小小年纪就懂得分析国事的利弊，并用诗词指出国家衰落的原因。这两首诗，很好地反映了她在年轻时就表现出来的超越一般人的政治见识。

  李清照从大处着墨，一反歌功颂德的老套，深刻地分析了唐王朝安史之乱、唐军队一败涂地的原因，以及奸臣误国的严重后果。如：
  "五十年功如电扫，华清花柳咸阳草。五坊供奉斗鸡儿，酒肉堆中不知老。"这是对唐王朝奢华糜烂的生活和国家走向灭亡的内在原因的剖析。

  "何为出战辄披靡，传置荔枝多马死。"为什么当时唐代的军队跟安史之乱的军队一打仗就失败？没别的，就是因为杨贵妃喜欢吃荔枝，唐玄宗专门让人从南方用驿马一站一站地给她传送荔枝，那些战马专门替杨贵妃传荔枝用，都在传送荔枝的道路上累死了，打仗的时候自然没有好的战马。

"夏商有鉴当深戒，简策汗青今具在。君不见当时张说最多机，虽生已被姚崇卖。"这是对奸臣误国的深恶痛恨和嘲讽。

这些诗句借古讽今，直斥时政，字里行间体现着李清照对乱臣误国的痛恨，对世事无常的嗟叹，以及对国家、民族命运深深的关切与忧虑。

宋代的大哲学家朱熹曾经这样称赞李清照："如此等语，岂女子所能。"

据史料记载，这两首诗是李清照早年和张耒《读中兴颂碑》诗所作。北宋中后期，统治阶级上层发生了剧烈的党争。最初的斗争是由王安石派的变法和司马光派的反变法而引起的。延续到后来，两派政治力量你上我下，互相倾轧，大起大落。而一旦执政以后，本派内部又迅速分蘖，争夺益甚。神宗的动摇，高后的专权，哲宗的无能，纵容和支持了大官僚之间的争夺，因而，朝廷竟成了势欲熏心的官僚们操刀相向的战场。

李清照对北宋末年朝政的担忧，都深深地渗入诗句词行当中。人的命运不能自己掌控，国家的命运也不能由自己去改变，这是一件多么令人难过和无奈的事情。

有时候，我总会想：命运究竟是什么东西？命运真的不是人可以主宰的吗？我们真的不能改变命运吗？

我曾看过一些人，虔诚地把自己的双手平伸出来，给看手相的人算命。听那些看手相的人对命运神乎其神的解释，觉得命运似乎就是一种符咒，所有的祸福都隐藏在里面。于是，当我们改变不了自己想做的事情时，总会喟叹："命中注定的，谁也逃不了啊！"

命中注定，有时候成了我们怯懦最好的借口。当我们遇到困难的时候，当我们万分沮丧的时候，当我们孤独寂寞的时候，当我们走投无路，却依然心有不甘的时候，我们总会相信一切都是命中注定的，从而喋喋不休地埋怨命运的坎坷和不公。

殊不知,有时候,命运也可以握在自己的手中,祸福也可以轮转。就如同人手掌上的指纹会随着年岁渐长而改变,人的相貌也会随着年华老去而改变一样。

记得《淮南子·缪称》里有一句话叫作:"福由己发,祸由己生。"意思是说祸与福的获得,均在于自己。我想这句话应该是有事实可依据的。

记得我小时候听过的一个小故事,叫作《祸福无门》,说的是清朝一位叫作吴宁的书生,和同学结伴来到澄江,参加选拔贡生的科试。头一年岁考中,吴宁在经、古等科目连得第一。他心想这次拔贡,稳操胜券,同时也带了足够的银两。于是他每天待在客栈里,与同学们喝酒赋诗,很觉得意。客栈里住着一位善于看相的相士,吴宁与他同住客栈,彼此相处得很好。相士断定吴宁将在三天内死于非命,但吴宁却阴差阳错地救了人。相士再次见到他时,说他因为做了好事,积了德,脸上的隐晦之色已经变成了福德之相,命运从此改变。

虽然这个故事很神奇,或许这故事纯属虚构,但却说明了祸与福之变只在一瞬之间,生与死只在一念之间。事实上,我也曾亲眼见证过身边一些亲朋好友或者邻居,因为做了好事而避开了一场灾祸的事例。都说祸福相依,人算不如天算,但有时候祸也可以转变成福,就看你如何对待它了。

明·佚名《增广贤文》里说道:"亏人是祸,饶人是福。"意思是欺负人其实是祸,宽恕人其实是福。

或许,我们也可以这么说:"积累名利钱财,不如积累善良。"因为很多事实告诉我们,善良的人,似乎总能够逢凶化吉。

对于祸福,不同的人有不同的看法,不同的人也有不一样的对待方式。老子认为"祸兮福所倚,福兮祸所伏",他告诉我们,遇福不陶然,遇祸不颓然,无论祸与福,都应处之泰然。

有些人认为:"是福挡不住,是祸躲不过。"因为一切都无可避免,做任何事都不应为祸福所累,当做则做,当行则行,认定目标,锲而不舍。

或许,因为人生就是这样得失无常,祸福互倚,方显生命的精彩。

或许,经历了这一次人生变故,李清照也参透了人世间的祸与福吧。既然无法改变事实,那就尽人力,听天命,不为祸福所累,处之泰然了。

第二章

一时繁华,风住尘香花已尽

于岁月深处，烧一壶茶，品味甘苦。在文字的馨香里徜徉，细细品读词人灵魂间的语言，心已穿越千古，飘曳回荡。

一时繁华，风住尘香花已尽。依稀间，我看到那飘落一地的，不是花瓣，而是一颗透明的诗心，一些柔情细语在花间呢喃，还有一滴晶莹的泪水，在花瓣上盈盈不得语。

繁华过后，总是满目的苍凉。人生在世，要经历多少的起起落落、曲曲折折，才能懂得与红尘温柔相处？看遍花开花落、日出日沉、风来风去、雨下雨停，时光的车轮，碾过昔日的喜怒哀乐，心已不慕繁华。

同心同德,共渡难关

佳人与才子,月光与星辰,落叶与清风,加上旋律和韵脚,便可吟诵成词。梅兰竹菊,小桥流水,在文人手里,都可以捋成诗行。

曾经,她的低眉,他的浅笑,开始了一段姻缘。可惜,朝政的风云变幻,带走了岁月的清浅无恙,留下满眼的忧愁感伤,与平平仄仄相对哀叹。

把繁华和萧瑟一起打包,放进行囊,如血的夕阳,照在携手并肩的背影上,无语无言。人世间的宿命尘缘,在灾难面前若隐若现。

大宋王朝的盛世年华,在钩心斗角中,早已支离破碎。在政治旋涡中迷失的人们,如何找回自己?延续多年的党争仍在继续,左右为难的人,该如何面对?赵明诚和李清照,注定要经历家族中的悲喜。

《周易·系辞上》里面有句话:"二人同心,其利断金;同心之言,其臭如兰。"说的是同心协力的两个人,他们的力量足以把坚硬的金属弄断。同样,只要夫妻为了一个共同目标,共同努力吃苦奋斗,只要心在一起往一个方向使劲,任何困难都不怕。

李清照和赵明诚是一对恩爱夫妻,虽然他们的婚姻生活总是游离在聚聚合合之中,但他们至死不渝的爱情故事一直被后人所传颂。

在爱情阳光的沐浴下,李清照的创作越来越成熟,一首首超凡脱俗的诗词,形神兼备，情景相融，风格独特。同时，她以自己出众的记忆力和广博的见识，帮助丈夫编撰《金石录》，据说，他们在编撰《金石录》的时候，每当赵明诚对材料出处有所遗忘疑惑时，李清照总能很快说出出处。长此以往，夫妻之间就以谁说得准、说得快来决定胜负，确定饮茶先后，胜者往往举杯大笑，致使茶水倾覆在衣衫上，反而喝不上。

那是一段美好的时光，他们相互鼓励，相互帮助，嬉戏玩闹，其乐融融。

"世人多重金，我爱刹那静。金多乱人心，静见真如性。"——唐·庞蕴居士。

"世人重名利，我则不如言。"——佛家偈语。

元祐党祸这件事情，让李清照明白了任何人在名利场上都是反复无常的。相对于复杂纷繁的官场名利圈来说，她更喜欢平凡人家的日子，不沽名，不夺利，日子即使无法过得红红火火，却也有滋有味。

我看过很多古代的电视剧，那些每天在名利场或在权势圈里打滚的人，似乎活得很辛苦。他们的每个流年，每段岁月，每寸时光，每一分每一秒都在忙忙碌碌的应酬和尔虞我诈中度过。说一句话，做一件事，一举一动都得小心翼翼，否则，一不小心就会招来砍头之祸，甚至是诛灭九族，血泪成河。

难怪古人们会留下一句话："官场如战场。"行走在这个没有硝烟，却杀机四伏的"战场"，要躲得了美人计，避得开金钱陷阱，辨得清谄媚语，读得懂厚黑学。否则的话，都不知道自己的脑袋何时会搬家。

或许，因为人类都是吃着尘凡的米饭，所以无法逃脱凡间的七情六欲。对于名利，很少有人能做到真正的超脱，能不为名利所累。有时，即使你无心于争名夺利，却会莫名其妙地被某些人某些事拖下水。

试问，世上有多少人能像庄子那样，不会被名利所困心，不会被贫穷泯灭自己的快乐，心顺自然，无羁无绊呢？

当朝廷党争愈演愈烈的时候，李格非"元祐党人"的罪名竟株连到李清照身上。据一些史料记载：崇宁二年（1103年）九月庚寅诏禁元祐党人子弟居京；

辛巳，诏"宗室不得与元祐奸党子孙为婚姻"。（《宋史》卷十九《徽宗本纪》）崇宁三年（1104年），"夏，四月，甲辰朔，尚书省勘会党人子弟，不问有官无官，并令在外居住，不得擅自到阙下"（《续资治通鉴》卷八十八）。

面对这样的新朝政策，李清照与赵明诚这对原本恩爱的夫妻，不仅面临被拆散的危险，而且偌大的汴京，已经没有了李清照的立锥之地，她不得不只身离京回到原籍，去投奔先行被遣归的家人。

元祐事件，对于李清照来说是一种历练和成长，对于赵明诚来说，是一种爱的考验。当李格非与当时朝廷全力排斥的所谓"元祐党人"有牵连，被罢职远徙时，李清照大胆写诗给公公，希望他能以"人间父子情"为重，不要做炙手可热，令人心寒的事情。

或许，面对这种直言不讳的讽刺，赵挺之会觉得是一种大不敬，他不施援手，导致李格非无法逃脱被罢职流亡的命运。或许，赵挺之也有自己的难言苦衷，只是不便说出罢了。

站在李清照和赵挺之中间，赵明诚的角色也是十分尴尬的。就像媳妇和婆婆争吵的时候，丈夫不知道该帮谁一样。那种亲情很容易僵化。

在当时的社会，一人得道，鸡犬升天；一人遭罪，全族株连。李清照作为李格非的女儿，按照朝廷的规定，也算是元祐党人的子孙，不能再在京城居住，也不能在京城为官，其他的官员不得与她联姻，如果已经定了亲，但是还没有交换聘礼和聘帖的话，必须退亲。所以，假如李清照和赵明诚不是结婚在先的话，估计他们的婚事也会因此而泡汤。

处于尴尬境地的赵明诚，无法劝说父亲去帮助李格非，毕竟，他不是赵家的长子。何况，他也明白父亲的苦衷。赵挺之坐上宰相之位，对于他的儿子们都有莫大的好处，如果他帮了李格非，有可能会有人趁机起哄，把他也推入水深火热之中，这样就会殃及自己的孩子们。

或许，人性中，总有自私自利的一面，权衡利弊之后，赵挺之选择了不救援。赵明诚虽然没有办法帮李清照救李格非,但是,他在政治立场上,却是站在李清照这一边的。

当朝廷下令把苏轼和黄庭坚等苏门师生的所有诗文和印版全部销毁,不许世人阅读和收藏他们的作品时,赵明诚依然我行我素,继续收藏他们的诗文作品。这一点,对于李清照来说,是莫大的慰藉。毕竟,丈夫并没有因为党派去判断一个人的好坏和优劣。而且,据一些书中记载,在李格非被革职的时候,赵明诚还陪李清照去看望他,并没有因为他被定罪而逃避不见。

有人说:"精神的沟通用不着语言,只要是两颗充满着爱的心就行了。"

李清照应该是懂得丈夫的为难之处的,所以,那首《逸句》,在谴责赵挺之的同时,也道出了她对赵明诚处境的宽容和理解。

逸句

夜何其?夜未央。绿荷相倚满池塘,
露清枕簟藕花香,恨悠长。
明诚还是走了,千万遍阳关,也难留。
非病酒,不悲秋,只为苦别瘦。

不孝有三,无后为大,明诚自有他的苦衷。
我又能如何?人有情于水,纵使水流去了,
也该念我,空自凝眸。

料明诚也知,草满长途,情人不归,空搅柔肠。
若他无心我便休,偏偏却是天与多情不与长相守。
平地波起,无妄灾来。官场风云,本与我无关,
而丞相竟将我父划党罢黜。

一为生身亲父，一为夫家公公，
将我置于何地？更教我如何处之泰然？
炙手可热心可寒，何况人间父子情！

明诚归来，不怪我斗胆抗颜，却与我同去探父。
翁婿相见，谈笑一如往昔。
辞别时，父亲牵起我手，放入明诚之手，欣慰而笑。
两手轻握，尽在不言中。

有夫若此，我心何幸！

  相爱的时候，说出一句承诺很简单，但是，生活永远不可能是一帆风顺的。如何把一句简单的诺言，变成长久的爱恋，这是一件很考验人的事情。因为家家都有本难念的经，人人都有自己不愿言及的苦衷。对于真正相爱的人来说，面对生活中的艰难困苦，一定是携手并肩，同心同德，共渡难关的。
  古往今来，有很多像李清照和赵明诚一样恩爱的夫妻，他们风雨同舟，和睦相处，相濡以沫，为了共同的理想而奋斗。如：周恩来与邓颖超，梁思成与林徽音，冰心与吴文藻，沈从文与张兆和……他们的爱情故事，都是为人们所称道的。
  每每想起这些人的故事，我的耳畔总会响起这么一首歌："爱是一个长久的诺言，平淡的故事要用一生讲完，光阴的眼中你我只是一段插曲，当明天成为昨天，昨天成为记忆的片段，内心的平安那才是永远……"

傲雪凌霜，氤氲幽香

有人说："成长不是突然发生的事情，而是一个漫长的过程。"是的，这个过程充满酸甜苦辣，有时候可以是顺境而成，在别人的教诲中学习知识，积累经验。有时候也可以是逆境而成，自己面对重重困难，虽迷茫不知所措，但能坚持下去，不放弃，不抱怨，积极寻找解脱困境的方法，在荆棘中百折不挠，锻炼自己的心智。

经历是个过程，成长是个结果，每个人在这个世界上行走，总要经历很多事情，或开心，或悲伤，或幸福，或痛苦。经历的事情多了，也就慢慢长大了。

穿越历史的迷雾，带着一颗虔诚、景仰和敬佩的心，我慢慢地走进李清照的成长历程中。品读她的每一首诗词，就像在品读她生命中的每一场戏。

当我读到赵明诚在李清照最危难的时刻，在她那不堪屈辱的日子里，还依然故我地收藏苏轼、黄庭坚等人的字画，成为李清照唯一的精神支柱时，有些感动。或许，这就是所谓的真爱吧。

虽然李清照的娘家遭遇了灾难，但是她的婆家依然风光，日子还没那么难过。据说，在崇宁四年，也就是公元1105年，赵挺之的家可以说是门庭若市、权倾朝野，他的孩子们也跟着沾了光，相继在朝廷担任官职。赵明诚也被宋徽宗任命为鸿胪寺少卿。

可是好景不长，没过多久，另一场更大的政治灾难，降临到赵挺之的头上。这正应了西汉文学家刘向在《说苑·权谋》中的那句话："此所谓福不重至，祸必重来者也。"

福无双至，祸不单行。这个世界上的事情往往就是这样令人无可奈何。

据史料记载，崇宁四年（1105年）暮春，赵挺之始除尚书右仆射兼中书侍郎。六月，"（因）与（蔡）京争权，屡陈其奸恶，且请去位避之"，遂引疾乞罢右仆射（《宋史·赵挺之传》）。仅仅过了半年多，崇宁五年（1106年）二月，蔡京罢相，赵挺之复授尚书右仆射兼中书侍郎。与此同时，朝廷毁"元祐党人碑"，继而大赦天下，解除一切党人之禁，李格非等"并令吏部与监庙差遣"（《续资治通鉴拾补》卷二十六），李清照也得以返归汴京与赵明诚团聚。

但是，宋徽宗大观元年（1107年）正月，蔡京又复相，无情的政治灾难又降到了赵氏一家头上。三月，赵挺之被罢职后五日病死了。赵挺之一去世，蔡京就开始抄他的家，把他家里所有在朝廷里担任官职的人都抓起来，还诬蔑他的三个儿子有贪污之罪。后来，经过多方侦办，确定他们并没有这些贪污的迹象，这才把他们放出来了。但赵挺之赠官却被追夺，三个儿子的荫封之官亦因而丢失，赵家亦难以继续留居京师。

宋徽宗大观元年（1107年）秋，李清照二十四岁，随赵氏一家回到在青州的私第，开始了屏居乡里的生活。李清照为青州的居所取名"归来堂"，为自己取号易安居士，以表明她淡泊名利、不求闻达的志趣。

据说，这个斋名与雅号来自陶渊明《归去来辞》的题目以及其中的两句话："倚南窗以寄傲，审容膝之易安。"意思是：靠在窗下寄托傲然的情怀，房间虽小仅能容膝，内心却非常满足。

从此，李清照由一个不谙世事，活泼可爱又富有才华的快乐女子，一步步走向成熟，对世态人情的认识也有了深入的了解。或许，这也是她开始走上杰出文学家的成长道路之必经的考验吧。她和丈夫在青州一待就是整整十年，甚至还要更久。

回到青州的李清照写了很多缠绵悱恻、幽怨哀愁的词作，这些作品大都写在青州十年，以及青州十年结束后的一段时期里。我尤其喜欢她的《玉楼春·红酥肯放琼苞碎》。

玉楼春·红酥肯放琼苞碎
红酥肯放琼苞碎，探著南枝开遍未。不知酝藉几多香，但见包藏无限意。
道人憔悴春窗底，闷损阑干愁不倚。要来小酌便来休，未必明朝风不起。

这是一首咏梅词。或许，很多人都知道，梅花和松、竹并称岁寒三友，与兰、竹、菊并称为四君子。它不但傲雪凌霜，姿态高雅，芳香幽远，而且象征着一种美好的品格，是古往今来文人墨客的吟诵对象，据说宋代咏梅词更多，但其中能尽得梅花神韵的上乘之作却并不多见。

一篇文章可以反映一个人的心境和处境，一篇文章也可以反映一个人的志向和人生追求。给我留下印象最深刻的除了李清照的这首咏梅词，还有毛主席和陆游的咏梅词，同是一朵梅花，吟诵者的心境不同，咏出来的梅花给人感觉也不一样。

毛主席的"俏也不争春，只把春来报。待到山花烂漫时，她在丛中笑"，吟出了梅花凛然高洁、一枝独秀的气质。

陆游的"无意苦争春，一任群芳妒。零落成泥碾作尘，只有香如故"，吟出了梅花孤高雅洁的志趣，不畏谗毁、坚贞自守的傲骨。

李清照的咏梅词，是把梅花当成知己，把自己的忧愁和感伤与梅花倾诉，而且举杯相邀，愿与它同醉。在她看来，梅花的命运和她很类似。不知道什么时候，狂风一来，便会吹落一地花瓣，香消玉殒。而她也不知道什么时候，又会有不好的事情降落到自己的头上，扰乱她的生活，改变她的命运。

是啊，生命中有着很多的不可预知，所以命运在我们眼里仿佛是个高深莫测的神。我们永远都不知道后面的日子里会发生什么事情。好的，不好的，都随它去吧，与其忧心忡忡，担心这担心那，不如趁着好时光，一起饮酒赏花，过好当下的每一天。

在李清照的笔下，梅花活了。它成了一个活生生，可以与之对话的知己。她在心情极度抑郁的时候，与梅邂逅，感受那一树脉络芬芳，把它融入到平仄有韵的词句中。自此，梅的香味，氤氲了词坛千百年。

记得上小学的时候，我曾背过一首诗："墙角数枝梅，凌寒独自开，遥知不是雪，为有暗香来。"那时候就已经明白，梅花的香气来之不易。

后来，又偶得一句话"梅花香自苦寒来"，更确信，梅花的香味是要经过风霜雨雪的洗礼的。或许，李清照也是人间的一朵梅，历经人世风雪的考验，才能修得一缕幽香，轻轻缓缓，飘过千万年。

有人说："成长是美丽而残忍的，就像蝉蜕，由透明的纯洁到淡褐色的丑陋，其间经过了许多血泪的挣扎，而等待它的，只不过是一件结满血痂的外衣所掩藏起来的骄傲和伤痛罢了，很悲壮。"

或许，只有经过艰难困苦历练的成长，才能体现生命的价值。在我看来，生命的价值不在于我们这辈子能在人世间享多少福，得到多少金钱和名利，而是取决于我们以什么样的心态去对待各种各样的祸祸福福，在祸与福的交替中如何坚持自己的梦想，活出生命的色彩，让自己的人生画板不留空白。

或许，在每个人的成长记忆中，都会有些刻骨铭心的祸福之事出现，时常敲击着我们的心房。这些事情或平淡如水，或激情荡漾，或波澜壮阔，或不愿提及，或常常忆起。

站在时间的门槛上，我们总会双手合十，仰望蓝天，默默祈祷明天会更好。但明天或许会更糟糕，就像李清照的一样无法称心如意，可无论未来的生活如何，结局怎样，都要认真努力地去过好每一天。

或许，很多人从小时候开始，便会用画笔在理想的纸上描绘自己的人生蓝图，很多愿望在图中悄悄萌芽，并在生活的阳光雨露的滋养下慢慢长大。可是并非所有的愿望都可以如自己所想的那样开花结果，成长过程的风风雨雨，会让大部分的愿望夭折。但也是在这些风风雨雨中，我们会忽然明白，每个人的成长的路途都不同，这场生命之旅，谁都没有导游可以为你指明方向。

佛说："如果事与愿违，请相信上天另有安排。"

既然成长注定要经受挫折，那不妨坦然面对。我想，很多人应该都知道这样的一个道理：没有阴天就不知道晴天的好，没有痛苦就不知道幸福的快乐。就算有时候接二连三阴天不见晴天，接二连三只见痛苦不见快乐，也要相信自己的坚强总能闯过这些难关，见到明媚的阳光。我们也终将在每一次闯关中不停地成长，并逐步明白人生的真谛。

也许，在李清照的眼里，人的成长，亦如同梅花一样，需要经过傲雪凌霜，才能氤氲出脉脉幽香。所以，她懂梅的心思，视梅为知己。

双蒂银杏，携手并行

银杏叶落，一片金黄，可以装扮整个单调的冬天。金灿灿的叶儿，是岁月消逝的碎片，是流年跌落的残垣，它们随风翩跹，赐予大地一片欢畅，它们携手并肩，随着大地的脚步，铺成时光隧道，只要我们脚踏落叶，便可通往春天。

银杏是第四纪冰川运动后遗留下来的裸子植物中最古老的孑遗植物，是历史记忆的鳞片，有着深厚久远的内涵，即使凋谢，也绝不萎缩，依然保持那份高雅的气质、绚烂的本色和卓尔不凡的气度。那由绿变黄的生命历程，像一本书，也像一首诗，像一篇散文，也像一首词，带着我们，走向远古。

古往今来，吟诵银杏的诗词有很多，李清照的词作《瑞鹧鸪·双银杏》，是中国古典银杏诗词中的精品。

靖康之乱后金兵南渡，李清照与丈夫赵明诚一起背井离乡，避乱南方。她以双银杏之被采摘脱离母体为喻，写下了《瑞鹧鸪·双银杏》一词，寄托自己流落他乡、颠沛流离的满腹愁思。

瑞鹧鸪·双银杏

风韵雍容未甚都。尊前甘橘可为奴。谁怜流落江湖上，玉骨冰肌未肯枯。

谁教并蒂连枝摘,醉后明皇倚太真。居士擘开真有意,要吟风味两家新。

银杏的风度韵致,仪态雍容,整个形体看起来并不十分奢侈华丽,但是,比起樽前黄澄澄的柑橘来说,柑橘还是显得逊色几分。

虽然柑橘个儿大,肉汁多,但在李清照看来,却比不上一个小小的银杏果。

这颗双蒂银杏被人采下,永离高大茂密的树干,成为人们的盘中之果,采摘的人自然不会怜惜它,那么有谁会怜惜它呢?

这离开故土的双蒂银杏命,恰似靖康之乱后背井离乡,流落在异地的李清照夫妇。不管境遇如何艰难,未来通往何方,总有一种坚强的意志,支撑着他们,即使国破家亡,即使金石文物化为灰烬,那颗滚烫的爱国心和紧系民族安危的心,永远不染半点尘埃。

对生的银杏,有着玉洁的肌肤、冰清的风骨。那浑圆、洁白虽离枝而不肯枯萎的形状是李清照所欣赏的。它们如同那些玉洁冰清、永葆气节,不被恶劣环境所屈服,坚持自身理想,不与黑暗势力同流合污,自尊自强的贤士一样品德高尚;也如同那些患难与共、不离不弃的恋人那般坚贞诚挚。

因摘果人的手下留情,它保持了并蒂完朴的美好形象,其两相依偎、亲密无间的形态,恰似戏里"玉楼宴罢"醉意缠绵的杨玉环与李隆基一样,相拥相依。

"在天愿作比翼鸟,在地愿为连理枝",杨玉环与李隆基这对世人共许的情侣,是纯真爱情的象征。银杏虽被摘而尚并蒂,正如易安夫妇虽流落异地而两情相依。这当是不幸之中足以欣慰之事。

如今亲手将两枚洁白鲜亮的银杏掰开,夫妻二人一人一枚,情真意切。这般情景怎不叫人心生出几分柔情。至于它的滋味如何,是否清纯香美,都无关紧要。

据史料记载,这首词作于李清照南渡时期的建炎元年到建炎二年(1127—1128年)。当时金人大举南侵,北宋朝廷崩溃。建炎元年(1127年)三月,赵明诚因母亲死于江宁南下奔丧，八月，起知江宁府，兼江东经制副使。北方局势愈来愈紧张，李清照着手整理收藏准备南下。她押运书籍器物于建炎二年（1128年）春抵达江宁府，本词即作在行程中。

李格非与赵挺之的遭遇，是历史中的一道风景。李清照与赵明诚的生命历程，也是历史中的一道风景。看他们的故事，我们会更深刻地感受到世事变幻莫测，人生变化无常。

无常的人生就像一个刽子手，在刀光闪现的刹那，就可以将一些人和一些事分割成幸福与不幸的两半。

正所谓风水轮流转。我们都知道，每个人的一生都是跌宕起伏的。一个人不可能永远走好运，也不可能一辈子都走霉运。三十年河东三十年河西，好运坏运总有颠倒的一天。

古代占星家认为，每二十年各有不同的星运，这些星运会影响到世间每一个人的运气。根据我国古代历法，一个花甲六十年被称为一元，三个花甲一百八十年被称作三元，每二十年为一运，总共九运。人类运气的好与坏就在三元九运中轮转。

或许，这是一种迷信的说法。但无论如何，我们总会有这样的经历和感受：运气好的时候，一帆风顺，事事顺心，运气不好的时候，喝口凉水也会塞牙缝。所以，很多人在遭遇不幸的时候，总会感慨万分地说："人生无常啊！"

李格非被罢官后，赵挺之也在残酷的政治斗争中被打败，直至去世，赵家被驱逐回山东青州。这接二连三的打击，对于李清照来说是一种痛苦的经历。但李清照并没有被这种痛苦的经历打败，她在自己人生的感情戏里，塑造了一个令人敬重的贤妻形象，收获了另一种幸福的感觉。

虽然，她也会感叹人生的无常，但她并没有因此而变得沮丧，也没有因为在此之前，公公赵挺之没有去援救她的父亲而埋怨赵明诚。更不会因赵挺之落魄逝世，赵氏兄弟丢了官帽，而对赵明诚反唇相讥。

父亲的离世，仕途受阻，被逐回老家，赵明诚的人生瞬间走进低谷时期。李清照的包容、谅解和关爱，让赵明诚备感安慰。她的不离不弃，更是他最大的精神支柱。

这世间，在自己遭遇到不幸的时候，身边依然有一种相知相守，有一声理解懂得，有一份不离不弃，人生无憾！

在青州的那段日子，是李清照和赵明诚夫妇生活最安逸也最愉快的时光。夫妻俩共同致力于金石书画的收藏，继续撰写整理《金石录》一书，过着神仙眷侣般的生活。他们相亲相爱，相敬如宾，每天在归来堂里猜句罚茗，杯倾茶泼，或者绿蚁新醅酒，红泥小火炉。就这样过了十年有余。

据说，赵明诚搜集文物，上至上古时代，下至隋唐五代以至当朝；从青铜鼎彝之器到书籍字画，从中原文物到域外珍宝，无所不有。家中的书籍字画堆积如山，"几案罗列，枕席枕藉"，案头、茶几、床头、枕边到处都是书、字画、碑帖。

"收书既成，归来堂起书库大橱，簿甲乙，置书册。如要讲读，即请钥上簿，关出卷帙。或少损污，必惩责揩完涂改。"随着收藏的东西渐渐多起来，赵明诚和李清照建立了图书室，将所有的文物、藏书分类登记造册。谁要看书，先行登记，才能开库取书。如有污损，肇事者务必修改整齐。

虽然，整理收藏的工作是枯燥烦琐的，但赵明诚、李清照两人觉得这是一件既快乐又有意义的事情。他们收集文物不是为了好玩，而是希望这些金石碑刻文字能够补救文史著作记载的不足，对国家、社会有些用处。

李清照将这种快乐详细记载在了《〈金石录〉后序》中：

"得书画彝鼎，亦摩玩舒卷，指摘疵病"。一次，他们得到一批珍稀的古人字画、青铜器皿，于是反复观赏点评。白天把玩一整天仍感到不满足，晚上还要继续看，直到夜深了还不想收起来，最后不得不"夜尽一烛为率"，规定点完一根蜡烛后必须休息。

赵明诚也曾在《金石录序》中说，他致力于收集文物字画碑刻，"非特区区为玩好之具而已"，而是为了"传诸后世好古博雅之士，其必有补焉"。

据史料记载，在青州的十年，赵明诚基本完成了金石学著作《金石录》。其中著录所藏金石拓本两千种，共三十卷，成为继欧阳修《集古录》之后规模更大，更具文物、史学价值的金石学专著。赵明诚也因此成为宋代最杰出的文物收藏家与研究家之一。

当然，《金石录》的完成，也有李清照的一份功劳。或许，我们应该说《金石录》是赵明诚和李清照同心协力完成的一部著作。

这部著作凝聚着他们的爱情、友情与知己之情，也凝聚着他们对传统文化遗产的珍爱与重视，更是他们美好爱情与美满婚姻的见证。我想，如果当时李清照因为赵明诚的父亲不施援手而不理解赵明诚，整天埋怨赵明诚，或许，她就得不到赵明诚的尊重和爱，他们也不会有青州这十余年的幸福时光了吧？

据况周颐《蕙风词话》第二卷的记载，宋徽宗政和四年（1114年）秋天，赵明诚特地在"易安居士三十一岁小像"上题词，词曰："清丽其词，端庄其品，归去来兮，真堪偕隐。"意思是说清丽的容貌，端庄的品质，淡泊的人格，回到那乡间的田园，易安居士真是我的神仙伴侣！这段话是赵明诚对于妻子的帮助与支持饱含的感激之情。

我常常在想，我们每个人似乎都在爱情的舞台上跳着拉丁舞，你的舞伴可以是自己挑选，也可以是别人帮忙挑选。但无论如何，刚开始练习时总会有一不小心就踩脚磕绊的时候，如果没有一颗包容的心，容忍对方无心的踩踏和绊倒，就永远也跳不好婚姻这一支舞曲。

有时候，我们不得不承认，在恋爱前，生活的内容是琴棋书画诗酒花。结婚后，生活的内容置换成柴米油盐酱醋茶。既然踏上婚姻的船板，扬起风帆，驶入现实大海，迎着风浪，就必须准备好一支叫作包容的桨，才能顺利划向幸福的岸边。

有人说："你不小心踩到了郁金香，它却将香味留在你的脚上，这就叫包容。"包容的力量很大，它可以在无声无息中，让家庭变得和睦，邻里变得友好。当你包容别人身上的缺点时，幸福感也会在你心田悄然生根发芽。

我曾听过这样一个小故事：有一个人非常幸运地获得了一颗硕大而美丽的珍珠，然而他并不感到满足，因为在那颗珍珠上面有一个小小的斑点。他想若是能够将这个小小的斑点剔除，那么它肯定会成为世界上最珍贵的宝物。于是，他就下狠心削去了珍珠的表层，可是斑点还在；他削去了一层又一层，直到最后，那个斑点没有了，而珍珠也不复存在了。

那个人心痛不已，从此一病不起。在临终前，他无比懊悔地对家人说："若当时我不去计较那一个斑点，现在我的手里还会握着一颗美丽的珍珠啊。"

生活中，每个人都有这样或那样的缺点，如果一门心思地想去剔除对方身上那一点点微不足道的瑕疵，执意把他们变成十全十美的人，那彼此都会感到辛苦。

或许，我们应该像李清照那样，把握好自己手里的那一颗实实在在的珍珠。在包容、理解与珍惜中，扮演好自己的角色，与爱人携手并行在人生的风雨之路，相濡以沫，感受真爱的幸福。

武陵人远，烟锁秦楼

　　十年的隐居生活，李清照和赵明诚双栖双飞，恩爱有加，过了一段美好的神仙眷侣生活。但好景不长，不如意的事情再次发生在他们身上。

　　在这十年里，蔡京等人陆续退出政治舞台，赵明诚兄弟返回仕途。赵明诚在一些州郡开始担任官职，由于种种原因，他没有把李清照带在身边一起出去做官。所以，青州十年的安逸生活结束之后，随着赵明诚仕途重新的开始，他们两个也开始了长久分居两地的生活。

　　据说，就在赵明诚返回仕途期间，他和李清照之间在情感上也发生了一丝微妙的变化。一首《凤凰台上忆吹箫·香冷金猊》道尽李清照满腹愁思。

凤凰台上忆吹箫·香冷金猊

　　香冷金猊，被翻红浪，起来慵自梳头。任宝奁尘满，日上帘钩。生怕离怀别苦，多少事、欲说还休。新来瘦，非干病酒，不是悲秋。

　　休休，这回去也，千万遍《阳关》，也则难留。念武陵人远，烟锁秦楼。惟有楼前流水，应念我、终日凝眸。凝眸处，从今又添，一段新愁。

　　这首词是李清照的早期作品，创作地点在青州。自公元 1107 年起，李清照与赵明诚屏居乡里十余年。赵明诚何时重新出来做官，史无明载。据陈祖美《李清照简明年表》：公元1118年至1120年（重和元年至宣和二年），这期间赵明诚或有外任，清照独居青州。是时明诚或有蓄妾之举。作《点绛唇》《凤凰台上忆吹箫》等。

狮子造型的铜炉里，熏香已经冷透；晨曦映照在床上，锦被乱堆，无心去收；早上起床，懒得梳妆打扮；梳妆匣落满灰尘，任凭朝阳的日光照上帘钩。

或许，每个人都有这么一段时光，心情低落，不想拉开窗帘，不想见到阳光，不想迈出门槛，不想与任何人有所来往。只想一个人待在寂静的角落里，静静地听一首歌，默默地看一本书，细细地欣赏一幅画，或者做一个属于自己的梦。

这些心情低落的源头，可能是你学无所成，虚度了很多光阴，因而懊恼；也可能是你的事业不顺心，前途茫然，因而沮丧；可能是你交友不慎被坑骗，因而失望；也可能是自己的爱人忽然告别了你，从此分隔两地，只能靠鸿雁传音，或者干脆是永不相见。

李清照的这种低落心情，来自与丈夫的分居两地。她怕想起离别的痛苦，有多少话要向赵明诚倾诉，可刚要说又不忍开口。

有时候，总觉得人生像蒲公英一样，表面上看起来自由自在，实际上却是随风飘荡，身不由己。生命中有很多事情会让你不知所措，即使知道自己想说什么，该说什么仍然无法言语，欲言又止。

有人说："最好的感觉，是有人懂你的欲言又止。"是的，有人懂你的欲言又止，这是人世间最好的默契。

孙未《寻花》中有一段话："真正地爱过，是会让人触摸到永恒的。那个人，十年，二十年以后，仍然留在我们的心里，让我们回首时，惊觉那种心动，近如昨日，惊觉岁月流逝，短若一霎。也许今天，故人已经散落在人海，往事早已风飘云散，那不变，却如许坚硬，还在我们心深处。"

这种爱的感觉，无须明说，只有相知的人才懂得。离别时，尽管有些爱和不舍无法用只言片语去表达，但那种感觉会存在彼此心间，因为，相爱的人是可以心照不宣的。

赵明诚离开了，李清照独居青州，新添了不少忧愁。新近渐渐消瘦起来，不是因为喝多了酒，也不是因为秋天的影响，而是因为爱人的离开。

千言万语，道不尽离情别意。回望往昔，诉不完相思情意，在孤独的时光中，回味、痴守、等待，独守内心深处的那份似锦繁花，默默走过流年中的芳华与迟暮。

历史的长空，依稀传来易安的一声声喟叹：算了罢，算了罢，这次他必须要走，即使唱上一万遍《阳关》离别曲，也无法将他挽留。想到心上人就要远去，剩下我独守空楼了，只有那楼前的流水，应顾念着我，映照着我整天注目凝眸。就在凝眸远眺的时候，从今而后，又平添一段日日盼归的新愁。

从此，在静静的流年中，多了一个吟诗赋词，守候爱人的灵魂。思念的心在寂静的时光中绽放，无论走过多少春夏秋冬。鸿雁飞过，情真意切，一笔落墨，相思与愁思飞满天。

《凤凰台上忆吹箫·香冷金猊》这首词里引用了两个典故：武陵人远，烟锁秦楼。这两个典故似乎别有深意。

根据某些资料记载，武陵人远，来自南朝刘义庆所著《幽明录》中的一个神话传说。

据说汉朝的时候，刘晨、阮肇二人入天台山采药迷路，遇上两位仙女，乐而忘返，与她们共同在一起生活了大半年。返家后，方知世间已过六世。正所谓山中方一日，世上已千年。

烟锁秦楼，是《列仙传拾遗》上的故事，据说秦穆公时有个人叫作萧史，擅长吹箫。秦穆公将女儿弄玉许配给他。弄玉跟萧史作凤凰之鸣，果真召来凤凰，于是他们便乘凤而去。

这两个典故都是跟长久离别相关的，但问题在于，在烟锁秦楼的典故中，弄玉与萧史双宿双飞。但现实生活中，李清照却没能与赵明诚一起飞走。

而在武陵人远的典故中，那两个人离家迷路后，便与仙女生活了半年的时间，换言之，是个离别后有外遇的典故。在现实生活中，是否外出做官的赵明诚亦遇到了仙女？也与她们在一起生活？

李清照在词的结尾，说："应念我、终日凝眸。凝眸处，从今又添，一段新愁。"只是在凝望流水的一瞬间，又平添了一段新的忧愁。或许，她忧愁的不仅仅是与丈夫的离别。

回想往昔，赵明诚和李清照在东京汴梁相识，结婚，再到他们一起去青州的时候，两个人基本上很少分离过。青州十年，是赵明诚和李清照最幸福的十年。谁知道十年之后，迎来了别离之苦。

"晓来谁染霜林醉，总是离人泪。"王实甫《西厢记·长亭送别》里，那别离的眼泪是如此令人伤感。

别离的滋味忧愁、怅惘、酸楚又苦涩，只有亲身经历过的人才知道那种依依不舍的感觉。

在这段长久分居的日子里，李清照为赵明诚写下了很多缠绵悱恻、表达思念的词作。别离苦，苦别离，一个孤独的女人，把自己细腻凄婉的情思，化作一个个文字，编成相思结，系在一首首经典的诗词里，也系入一代代文人墨客的心底。

花开花谢，月缺月圆，聚散离合，本是人之常情，但离景伤情，离久伤心，这世上有多少人能做到苏轼的："不应有恨。"

据资料记载，宋徽宗宣和三年（1121年），四十一岁的赵明诚奔赴山东莱州任知州。这一次他决定将李清照接到莱州一起生活。如果从宋徽宗宣和元年（1119年）赵明诚兄弟先后离开青州外出做官算起，李清照与赵明诚断断续续的离别与分居也已有两三年，现在他们终于要团聚了，这该是多么令人高兴的事情。他们又可以一起分享读书的乐趣，分享收藏金石字画的快乐，彻底解除离别带给他们的相思之苦。

可是，他们夫妻团聚后的生活并不像我们想象中那么美好快乐，是由于赵明诚纳妾一事？还是由于别的更多原因？

或许，这世上原本就有一种忧愁说不清道不明，有一种心情不可说不可诉，只有寄付在文字身上，方能解千般愁思。

姐妹情深，念念不忘

　　这世间，除了亲情和爱情之外，还有一份难得的情感，那就是友情。

　　有时候，我觉得缘分是很奇妙的东西。我们总会在冥冥之中遇到那么几个跟自己特别投缘的人，这些人可以称为我们后天的亲人，从陌生到熟悉，从熟悉到相伴相随，从相伴相随到相知相亲，从相知相亲到不可分离。这几个人，如果按性别来划分，男的可称为铁哥们，女的则称为好闺密、好姐妹。

　　他们会陪着我们一起度过人生中最美好的时光，一起成长，一起哭，一起笑，一起挥霍青春年少的时光。

　　他们会在我们失意的时候，牵着我们的手，聆听我们的烦忧；会在我们得意忘形的时候，端起一盆冷水，浇醒我们的谦卑；会在我们受委屈的时候，为我们打抱不平；会在我们最需要帮助的时候，为我们做很多可以感天动地的事情。他们可以跟我们有福同享，有难同当。

　　他们是即便分隔两地，也终生难忘，彼此挂念的一种人。我们和他们的这一份缘，可以起于一次偶遇，可以续于一次相聚，可以缘于一次美丽的重逢，但绝不会断于伤感的别离。

　　李清照也有这么几个投缘的人，她在赴莱州与丈夫团聚的时候，为她们写下了《蝶恋花·泪湿罗衣脂粉满》。

蝶恋花·泪湿罗衣脂粉满

　　泪湿罗衣脂粉满，四叠阳关，唱到千千遍。人道山长山又断，萧萧微雨闻孤馆。

　　惜别伤离方寸乱，忘了临行，酒盏深和浅。好把音书凭过雁，东莱不似蓬莱远。

　　这首词写于宣和三年（1121年）秋天，当时赵明诚为莱州太守，李清照从青州赴莱州途中宿昌乐县驿馆时寄给其家乡姊妹的。它通过词人自青州赴莱州途中的感受，表达她希望姐妹们寄书东莱、互相联系的深厚感情。

　　这些好姐妹，或许也为李清照终于能跟赵明诚团聚而欢呼雀跃，她们虽然舍不得她离开，但依然为她举杯送行。是的，真正的好姐妹总是希望对方能幸福快乐，即使是分离，也不会断了联系。

　　我曾听过这么一句话："男孩说哥们是最铁的，女孩说姐妹是最好的。"

　　有人说："真正的好姐妹就是，你拖我离开一场爱的风雪，我背你逃出一次梦的断裂。"或许，姐妹只是人生乐曲中的一个音符，但是少了这个音符，乐曲就变得不完整，不动听了。

　　在我看来，有姐妹的人是很幸福的，不管是有血缘关系还是没血缘关系，能够以姐妹相称的人，彼此之间一定有一种很深的缘分。或许，不知道从什么时候开始，我们身边忽然多了一个可以称作姐妹的人，只想一起走、一起玩、一起疯，哪怕是一起讲那些来自网络或漫画里的笑话，傻傻地笑一场也可以。

　　幸福的时候，可以有姐妹与自己分享，难过的时候，有姐妹分担忧愁，有姐妹在，遇到困难就不会不知所措，离开了姐妹，哪怕只是几个小时，都会有那么一丝孤独油然而生。姐妹情深，在你寂寞的时候，姐妹也可以让你欢笑。所以，姐妹之情是每个女孩子在生命旅途中必须拥有的一种情谊。

李清照词句中的姐妹，或许也是小时候跟她要好的闺密。跟要好的闺密道别，是件难过的事情。这种感觉，我尝试过。坐上列车，远离家乡的时候，看着那几个送行的闺密，那种依依不舍的心情，会带出思念之泪。

这不是一种假惺惺的感觉，所以，李清照所说的与姐妹们分手时，惜别的泪水打湿了衣衫，洇湿了双腮。四叠阳关唱了几千遍，但是还不足以形容自己内心对姐妹的万种离情。这是一种很真实的情感。

李清照是善于饮酒的，吟诗作词时要喝酒，赏梅的时候要喝酒，伤离别的时候更要喝酒。所以，她写道："此行路途遥远，而自己已经到了'山断'之处，离姐妹更加遥远了，加上又有潇潇微雨，自己又是独处孤馆，更是愁上加愁。自己在临别之际，由于极度伤感，心绪不宁，以致在饯别宴席上喝了多少杯酒，酒杯的深浅也没有印象了。"

或许，生活在我们这个年代的姐妹是幸福的，因为想念的时候，可以发发微信、开开视频，随时可以聊聊天、谈谈心。而远在宋代那个科技并不发达的社会，大家的联络方式只能通过书信，说一句话要好几天才能传到对方手里。但李清照还是告慰姐妹们，东莱并不像蓬莱那么遥远，只要鱼雁频传，音讯常通，姊妹们还是如同在一起的。

是的，如果姐妹真的情深，即使远隔天涯海角，彼此的心都好像近在咫尺，随时可以进行心灵相通的交流和陪伴。

以前有人说，世界上最远的距离是飞鸟与鱼的距离。如今有人开玩笑说："世界上最遥远的距离，是我在你身边，而你却在玩手机。"如果空有姐妹的称呼，心里却没有对方，即便是天天腻在一起，也没有任何意义。

或许，这世界上最近的距离，不是可以跟姐妹手牵手一起并肩走，而是姐妹在远方，依然能感觉到她存在的温暖。

有时候，想起远方的闺密和姐妹，我也会想起这首歌："你是我的姐妹，情深似海，血浓于水，你要伤悲我会掉泪，痛我帮你面对，梦让你先陶醉，无怨无悔。你是我的姐妹，缺一不可，相互依偎，朝夕相陪，手心手背，当你绽放笑容，我就看见天空，阳光明媚……"

愁肠百结，欲说还休

  红尘百戏，落幕时，回首一幕幕的剧情，或许最美好的爱情，不是白头偕老，相敬如宾，而是一段没有理由，无怨无悔，纯洁无瑕的爱。如果这段爱有了裂痕，谁也很难修复，毕竟人非圣者，面对感情的伤害，谁也无法做到一笑泯恩仇。

  有人说："婚姻就像一个魔盒，它能改变婚姻中的男人和女人。"一纸婚书，可以把两个毫不相干的男女变成亲人，一起迈进婚姻殿堂之前，或许有很多美好的憧憬和誓言。一旦进入婚姻殿堂，发现里面并非只有鲜花童话，还有锅碗瓢盆，柴米油盐酱醋茶时，美好的想象瞬间崩塌。面对爱情变奏曲，有些人会用沟通的方式去演唱，有些人却沉默不言，捂上耳朵拒绝表演。

  对于一代才女李清照来说，她跟赵明诚之间的爱情婚姻是美好幸福的，但是中间也出现了一些不和谐的小插曲，需要用心和技巧去演奏，才能不损乐曲的美妙之音。

  面对婚姻中出现的嫌隙，面对内心无法排解的苦闷，李清照用自己的笔，写下自己的心。分离是苦，相聚也并非想象中那么美好，一时愁肠百结，欲说还休，只能把千万愁思寄托在文字中了。一首《感怀》，把她的孤寂愁闷抒发得淋漓尽致。

感怀

寒窗败几无书史，公路可怜合至此。
青州从事孔方兄，终日纷纷喜生事。
作诗谢绝聊闭门，燕寝凝香有佳思。
静中吾乃得至交，乌有先生子虚子。

此诗作于宋徽宗宣和三年八月。宋徽宗宣和三年，也就是公元1121年，四十一岁的赵明诚到山东莱州担任知州，这一次他把李清照也带到自己做官的地方去居住。

能够结束两地分居的生活，这原本是李清照盼望已久，值得开心的一件事情，但事实上她似乎并没有想象中那么快乐。

诗中所描绘的环境是那么简陋，窗户破落，桌椅年久失修，陈旧不堪，空无所有，既没有书籍，也没有字画。

诗中所抒发的心情是那么悲凉，对酒与钱这类世人皆为之吸引的东西，在诗人眼里都是不屑一顾的。她虽是因闲而作诗，但这一首诗却绝非赋闲之篇，诗人的理想、情操与品格全部融于诗中，是一首较好的述怀诗。

在李清照看来，她目前所处的环境和心情，都是名利惹的祸，因为天下人都会追求名利。赵明诚也是为了名利，才会来到这个地方做官，因为做官，才会抛弃安逸清净的生活。

为了追求功名富贵，赵明诚没有办法陪她，留下她独自一人孤孤单单地待在一个冷冷清清的地方，百无聊赖之时，只能把自己关在屋里写几首诗词，排解寂寞和忧愁，消遣时光。

李清照不是那种喜欢官宦生涯的人，也不是王昌龄诗中那种想让丈夫出将入相的女子。她只想跟相爱的人白头偕老，吟诗赋词，收集和研究金石文物，过一种平淡又不失高雅情趣的生活。但现实却不能如她所愿。

这首《感怀》，是李清照在抱怨生活环境的简陋和生活的清贫吗？我想应该不是的。如果她是爱慕虚荣的人，当时跟赵明诚一起被遣送回青州时，早就该抱怨了。他们在青州十年，相依相伴，虽然环境没以前好，她也过得惬意快乐。

从李清照所写的《＜金石录＞后序》里，我们可以知道，她在生活上是非常简朴的，并不是一个贪图享受的人。

"食去重肉，衣去重彩，首无明珠翠羽之饰，室无涂金刺绣之具。"她既不吃大鱼大肉，也不穿大红大紫，头上没有珠光宝气，房间里没有雕梁画栋。这样的人，只要能跟心爱的人在一起，环境怎么恶劣，她都是可以承受的。现如今，她跟赵明诚团聚了，却在诗句中写满了冷清和寂寞，或许，这是被赵明诚冷落之后的抱怨吧。

我曾看过《百家讲坛》里康震老师所讲的李清照的故事，也看过一些讲述李清照故事的史书和资料，据说这个时期的李清照和赵明诚感情上出了点问题。三十八岁的李清照因为没有子嗣，变得不如以前那般自信。

我们都知道，在中国古代，男人三妻四妾是再正常不过的事情了。或许，李清照的忧愁，就在于赵明诚蓄养侍妾和歌伎的问题上。

据说，在那个年代，歌伎不但是私人蓄养，而且官府也蓄养，以备有招待任务的时候，有人来进行表演，这种叫作"官伎"。风气所及，当时太学的太学生们，也经常去青楼歌馆。赵明诚曾经是太学生，也是一个朝廷命官，他也不能免这个俗。

李清照在《＜金石录＞后序》里描述赵明诚临去世的情景时说："取笔作诗，绝笔而终，殊无分香卖履之意。"意思是说赵明诚临去世的时候，写下绝命诗，然后没有对她和其他的侍妾做后事的交代就去世了。

"分香卖履"这个典故是来自曹操的。汉·曹操《遗令》："吾婢妾与伎人皆勤苦，使著铜雀台，善待之。于台堂上安六尺床施繐帐，朝晡上脯糒之属，月旦、十五日，自朝至午，辄向帐中作伎乐。汝等时时登铜雀台，望吾西陵墓田。余香可分与诸夫人，不命祭。诸舍中无所为，可学作组履卖也。"

曹操去世的时候还念念不忘他的妻妾们，说："我的婢妾和歌舞艺人都很辛苦，让他们住在铜雀台（遗址在今河北临漳县西南二十公里邺城遗址内），好好安置她们，在台正堂上放六尺床，挂上灵帐，早晚上食物供祭，每月初一、十五两天，从早至午，要向帐中歌舞奏乐。你们要时时登上铜雀台，看望我西陵的墓地。余下的香可分给诸夫人，不用它祭祀。各房的人无事做，可以学着制作带子、鞋子卖。"

李清照在诗中用这个典故说赵明诚没有来得及给包括她在内的其他的侍妾交代后事。这个典故说明赵明诚是纳了妾的。

对于年纪越来越大，经历的苦难越来越多的李清照来说，心里已经系上了千百个愁结。或许，这是她内心的愁结之一。

岁月是一把锋利的刀，在每个人的脸上细细地雕琢着每一条皱纹，直到白发苍苍，老得无法动弹。那一条条皱纹，会生根发芽，从脸上，蔓延到手上、脚上，然后驻足在心里。如若生活不幸福的人，每一条皱纹都可以挤出眼泪来。那一滴滴眼泪，是对年华老去的喟叹，是对人生空虚的焦虑，也是对人生向晚的无奈。

这个时期的李清照已经年近四十了。漂亮的容颜已随着岁月渐渐变老。心里的顾虑和担忧也越来越多。想当年，赵明诚做太学生的时候，社会地位不高，俸禄也比较低。李清照在他眼里是十全十美的大才女。即便当时顺应社会的风气，蓄养了侍妾和歌伎，他的眼里恐怕也只有李清照一人。

但是现在，赵明诚职位高了，俸禄多了，身边年轻漂亮的女子也多了。也许，在他眼里，李清照已经没有很强的吸引力了，所以，渐渐有些冷落了她。

有人说，女人的心是水做的。她可以像山泉一样无声地滋润世间万物；可以像溪流一样，清澈见底；可以像温泉一样，令人在放松中慢慢治疗心灵上的伤痛。但她也是多愁善感的，一旦周围的空气太冷，便会凝固结成冰。

李清照这么冰雪聪明的一个女子，肯定能体会到丈夫对她感情的那种微妙的变化。虽然赵明诚对她依然相敬如宾，但却没有当年的相亲相爱相知相伴那么亲切，那么心照不宣了。

当自己的婚姻遇到了冷空气，她的心也一下子冰凉起来。一种非常深切的孤独和寂寞的感觉，总会不知不觉地涌上心头，骚扰每一个夜晚，每一个梦境。

历史的车轮缓缓驶入现代社会，当婚姻走入一夫一妻的制度之后，很多人都知道，在这个世界上，很多东西都可以跟别人分享，唯独爱情是不能分享的。所以，"小三"的出现总是为人们所不齿。

可是，我们都知道，在宋代，畜养侍妾和歌伎在当时是一种社会风气，一种文化现象，李清照应该不会为此而争风吃醋。她的孤独感和抱怨应该不完全是因为赵明诚在莱州畜养侍妾和歌伎吧。

纪伯伦曾经说过："婚姻就是两个相爱的强者同舟共济，以便一道战胜岁月征途上的风风雨雨。作为人生伴侣，应该携手相伴，也应该互相勉励，在最困难的时候不要放弃彼此，拿出勇气和决心改变现状，生活总会越过越好。"

从古到今，同甘共苦都是人们经常谈及的一个话题。或许，纪伯伦说的只是一部分夫妻的幸福。这世间还有一小部分的夫妻却是能够患难与共，却无法一同享福的。

从我长大成人的那一刻开始，总会时不时地听到一些类似的故事：某某某跟他的妻子离婚了，结婚时他们吃过很多苦，两个人一起摆水果摊，一起被城管追过，一起淋着大雨回家，一起同吃一个盒饭。现在房子也有了，钱也有了，孩子也大了，要啥有啥，两个人却离婚了。

这个中原因，或许只有当事人才能明白。或许，是因为生活好了，有钱了，所以，妻子只顾购物、打扮、美容，对丈夫少了些体贴；或许是因为丈夫忙于外面的事业，常年应酬不回家，被外面的花花世界迷住了眼，对妻子少了些关心,让妻子心存不满。很多现实的问题,都是我们说不清道不明的。面对这种无法解释的现象,有人干脆用一个缘字来解释,缘来缘去缘如水。

曾几何时,赵明诚和李清照的婚姻是那么美满和谐,就算在面对困难的时候,他们也能够同心同德,共同面对。难道美好的爱情就这么不堪一击,难道岁月这把刀不仅会雕琢皱纹,还会斩断情丝?

弹奏一曲东风,每一个音符,却飘出几度离愁。待到聚首时,却只能独对长空,冷风冷月冷夜,一壶冷酒难消愁。昔日繁华处,已成梦一场,惋惜岁月向晚,无人与我和鸣,独舞清影,泪洒时空。

李清照是个高雅的人,她本不会对那些小事斤斤计较,更不会把家庭的一些琐碎事写进自己的诗词里,但是,这首《感怀》,却写出了她内心深重的怨气,那种被人冷落无视的感觉。或许,她意识到自己的婚姻出现了危机,对自己没有信心,对丈夫也似乎没那么有信心了。

有人说信任是维持夫妻所共享的爱的重要纽带,也是建立愉快、幸福家庭氛围所不可缺少的。如果失去了彼此的信任,家庭便会陷入一种冷清的状态。陷入冷清状态的家,根本不能称作家,只能说是一座房子,因为里面没有欢笑,没有幸福,没有嘘寒问暖。只有房子却没有家的人是孤独而又苦涩的。哪怕自己家财万贯,住别墅,开豪车,如果没有一个温馨的家,无论走到哪儿都会觉得自己很孤单。

此时此刻的李清照,或许也在担心自己有一天会失去这个家。她的不自信,来自一些无法改变的事实。在南宋人翟耆年撰写的《籀史》里说,赵明诚文物收藏得非常丰富,但是"无子能保其遗余,每为之叹息也"。

赵明诚的收藏虽然很丰厚,但是却没有子女继承他的这笔遗产,每每想到这样的事情就禁不住叹息。

据说,《籀史》写在宋高宗的绍兴十二年,这个时候李清照还在世,李清照和赵明诚的一些共同的朋友和亲戚也都在世,所以翟耆年写的这件事情应该是有依据的,特别是翟耆年是在谈到金石字画的收藏的时候顺笔提到了赵明诚没有孩子的事,不是专门说,可见这种语气写出来,证明赵明诚和李清照没有孩子在当时是一个大家都知道的事实。

另外,还有一本南宋人洪适撰写的书,叫《隶释》,《隶释》里也谈到赵明诚的身后事"赵君无嗣",说明赵明诚没有后代。这本书写于宋孝宗乾道二年,距离李清照去世也就才十几年的时间。

这两本书,一本是在李清照在世的时候写的,另一本是李清照去世后不久出现的,写这两本书的人都是金石之学圈子里的人,写的又是正经的学术著作,并不是要专门在书里挖空心思地炒作这个话题,而是顺笔提出来。可见赵明诚和李清照没有孩子,没有后代,这是一个可以认定的事实。

很多人都认为,一个孩子是维系一个家庭的纽带,是爱情的结晶,是香火的延续。或许,没有孩子,才是李清照最大的一个心病。所以,她很在意那些妻妾的存在,也因此变得越来越不自信,并且为她和赵明诚结婚二十多年没有生育孩子而感到担忧。

《孟子·离娄上》有句话叫作:"不孝有三,无后为大。"在古代社会,一个妻子如果没有给丈夫生孩子,尤其是没有生个儿子,那这个妻子在丈夫和其家族的心目中,地位就会下降,价值也会渐渐消失,而且她在家里几乎抬不起头来,这直接牵扯到可能她将无法继承丈夫和家族的遗产。

对于李清照这样一个感情细腻丰富的女人来说,没有后代这件事对她的打击以及由此而引发的担忧是非常巨大的。

虽然我们知道,没有孩子,责任不一定在于她。可是,在古代社会,大家都认为没有孩子就是女人的责任。那些三姑六婆的闲言碎语,那些专家学者记载她没有子嗣的著作以及赵明诚的唉声叹气,乃至有意无意的冷落,可以想象,李清照当时承受的压力有多大。

虽然李清照对自己的婚姻失去了信心,但是她和赵明诚的结合是志同道合,有着深厚感情的。他们爱情的基础是建立在共同的趣味、共同的爱好和彼此信任之上的。即使他们的婚姻发生了一些问题，但这些问题还不足以使他们的婚姻破裂。

虽然，赵明诚会在某一段世间内被一些年轻貌美的小歌伎或小妾所吸引，但是能够真正走进他内心世界，与他分享高品位快乐的，却只有李清照一人。

据史料记载，赵明诚到淄州担任知州的时候，一方面关心政务，但最主要的精力和目光，就是投放在寻访淄州境内的珍稀文物、金石、字画上。

淄州境内有一个村子叫邢家村，这个村子里的人都姓邢，其中有一个人叫邢有嘉。有一次，赵明诚去拜访他，他的家人非常热情，把家里珍藏的一套字拿出来让他品鉴，这套字是唐代大诗人白居易手书的佛教经典著作《楞严经》真迹，非常珍贵。

赵明诚拿到这套真迹，非常开心，骑上马立刻狂奔回家，跟李清照一起细细地欣赏。可见，李清照在赵明诚心里依然是重要的。

或许，我们也有这样的一种经历，当自己看到一件漂亮的东西、一部好的电影，或者一本好书，都希望跟自己最亲近、最喜欢的人一起分享。在这个分享的过程中，你的内心可以获得一种很大的快乐。

赵明诚带着这幅真迹回到家，跟李清照一同欣赏和品鉴，不知不觉就到了二更天。就这么几幅字，两个人看了三个多小时，越看越喜欢，越看越高兴，而且他们一边看一边饮酒，饮酒饮得渴了，又接着喝茶。到二更天的时候，他们点了两根蜡烛，又看了两个小时，到凌晨一点的时候，才休息。赵明诚后来在这幅手迹的后面写了一个跋，记载下这件事情。

有人说，当夫妻两人闹矛盾的时候，只要你手里握着对方的爱情信物，就肯定能够破镜重圆。

这世间，爱情信物有很多种。红豆是最有诗意的爱情信物，扇子是最有雅趣的爱情信物，香囊是最为芳香怡心的爱情信物，戒指是最为恒久的爱情信物，绣球是最为绚丽多彩的爱情信物，手绢是最具风情的爱情信物，同心结是最具华夏文化元素的爱情信物……

对于李清照和赵明诚来讲，他们的爱情信物是他们共同致力于的，共同喜爱的文物收藏和品鉴。

只要握着对方的爱情信物，就是握着对方的心。有了金石文物这个信物，李清照和赵明诚之间感情的裂痕慢慢地弥合了。

我曾看过一个网友分享了夫妻相处之道："我爱你，就是和你吵架的时候恨不得去死，但是吵完之后又发现，没有你根本活不下去。"

我还看过一个微博上流传的笑话：两口子吵架，气得都想崩了对方。老公出门想买一把枪，结果路过卖煎饼果子的小摊，想起老婆喜欢吃，就买了两个煎饼果子，回家才想起忘了买枪。

或许，小小的矛盾也是爱情的调料品。多少感情，始于无话不谈，多少婚姻，止于无话可说。如果两个人依然有着共同的兴趣，有着共同的话题可聊，他们的关系就是谁也无法打破的。

愁肠百结，欲说还休。既然有些事情无力改变，不可说也无法说，那不说也罢。或许，有些事情，随缘而遇，随遇而安才是最明智的做法吧。

名缰利索，身不由己

一眉弯月，在陋室屋檐上散发着惨淡的光。一树碧绿，被风儿摇曳成会说话的翡翠。一个人，在屋内独坐冷椅，奋笔疾书。笔端起落间，泛起层层墨香。

是谁，又在吟诵孤单？是谁，又在书写怅惘？是什么样的境遇，让没有生命的文字变得那么忧伤？这世上，总有些人，有些事，深深地铭刻在时光的轨道上，供世人欣赏，百世流芳。

印度有句古谚叫作："智慧是知识凝结的宝石，文化是智慧放出的异彩。"李清照是有智慧的，也是有文化的，更是一个有着真性情的人。

她持一颗真心，行走在人世间。吟一阕诗词，便可点亮某些灵魂的梦想。书写一句话，便可叩响某些心灵的大门。

她捡一瓣花朵，或红或黄或紫，别在衣襟，就可以让花香和书香一起弥漫于天地之间。

婚姻的裂痕渐渐弥合，国家的灾难却默默来临。正当李清照与赵明诚的感情慢慢恢复时，北宋王朝又面临着灭顶之灾。

据史料记载，公元1127年，位于宋朝北部的金国长驱直入，攻占了北宋都城汴京（今河南开封），将宋徽宗、宋钦宗父子俘获，押往金国为奴，北宋灭亡，这件事在历史上叫作"靖康之变"。康王赵构即位，成为宋高宗，从此，南宋时代开始了。

据说，虽然当时的战争主要集中在开封地区，但在淄川也已经感受到了战火，总是有一些打败仗的游兵散勇闯到淄州城里来作乱，赵明诚作为一州之长，因为平定这些游兵散勇的叛乱有功，升了一级官职。

李清照在《<金石录>后序》中记载，"至靖康丙午岁，侯守淄川，闻金寇犯京师，四顾茫然，盈箱溢箧，且恋恋，且怅怅，知其必不为己物矣"。

战争的气味越来越接近淄州。金国人已经攻破了京师首都，开封已经被人家占了。她在房子周围看一看，心里茫茫然没有一个依托。

国难当头，李清照个人的恩怨和悲欢都像是一座座被摁入泥土中的文物，沉积在历史的土壤中。拂去尘埃，呈现在她面前的是更严峻的局面，首都被攻破了，皇帝被抓了，战火已经悄悄蔓延到自己居住的地方，那些堆满屋子的文物、金石、字画，该放到哪儿？该如何保管？

面对身边的文物，李清照感到无比留恋，又无比惆怅。因为她知道这些东西有可能会因为战乱而丢失。

或许，李清照也知道，人世间有许多美好的东西，但真正属于自己的却并不多。原本，每个人来到这个世界上，没有带来任何东西，也不可能带走任何东西。在尘世间拥有的一切，都只是暂时的。

陈继儒《小窗幽记》里有句话叫作："形骸非亲，何况形骸外之长物；大地亦幻，何况大地内之微尘。"

陈继儒认为人的身体躯壳不值得亲近，何况是身体之外带不走的东西？山河大地不过是个幻影，何况在大地上如同尘埃的我们呢？

李清照是个信佛的人，应该也读过一些佛家的书。佛家认为人的肉身是个幻而不实的东西，说"诸法无我"。未生之前，身体不是自己的，逝世之后，尸体也不是自己的。活着的人，也不知道到底是幼年的身体属于自己，还是年老的身体属于自己。

据某些资料说：医学上有种说法，人体分解起来不过是一些元素罢了，而且三年前的元素与三年后的元素早已换过，也就是说三年前的那个身体，已经过新陈代谢排出体外，不再是自己的了。

既然连身体都不是自己的，那么，那些身体之外的东西，又怎么可能属于自己呢？一切都不过是一种幻想，总有一天都会烟消云散，又何必执着于那一批古文物呢？但这些古文物毕竟是她和丈夫的心血，对于后人的考古和文物文化研究也是有所帮助的，所以，还是有些舍不得。或许，她真正害怕的不是文物不属于自己，而是被销毁在战火之中吧。

李清照在《＜金石录＞后序》里记载："建炎丁未春三月，奔太夫人丧南来。既长物不能尽载，乃先去书之重大印本者，又去画之多幅者，又去古器之无款识者。后又去书之监本者，画之平常者，器之重大者。凡屡减去，尚载书十五车。"

宋高宗的建炎三年，赵明诚的母亲郭氏在江宁去世。

在中国古代，官员的父母去世之后，都要守丁忧。赵明诚的官职被免掉了，就到江宁去奔丧。可是，对于他和李清照来说，这不是一次简单的奔丧，而是一次大迁徙。因为当时整个国家的形势非常危急，必须考虑两个人和那些文物、金石、字画的去处。

几经商量，他们把那些体积和面积超大的书、刻印本、字画以及一些没有落款的、没有标记的古代的器皿，一些比较容易得到的国子监印行的刻本，一些比较平常的字画，一些太过笨重和巨大的古代的器皿都淘汰了，淘汰完之后，还能再装十五车。

虽然在淘汰的时候，他们有些心疼，但是这个世界就是这么不完美，你想得到一些东西，就必须懂得舍弃一些东西。

他们都知道淄州迟早会落入金人之手，但是想把在淄州的这么一大批文物都转移到江宁去，那是不可能的事情。如果不舍弃一些不重要的文物，估计那些贵重的文物也保不住。

赵明诚带着一部分文物去了江宁，李清照却没有随他南下江宁。因为她要去青州处理另外一批文物。那些文物在十几间大屋子里面珍藏着。

"青州故第，尚锁书册什物，用屋十余间，期明年春再具舟载之。"

李清照回到青州，不但要料理其他的一应家务，还要整理这些文物，她想等到明年开春的时候再用船运到江宁。可是，这想法在战火纷飞的年代，是很危险的，那是跟命运的一种赌博。

赵明诚带着其他仆人，运着十五车文物从淄州出发，先到东海，然后过淮水，再过长江，最后到达江宁，都不敢保证路上会不会有所遗失？何况是她一个弱女子，自己的人生安全都无法保证，还要负责保管十几间房子里的文物。这可不是一般人可以做到的。

国难当头，苦的是老百姓，没有了国，也就意味着家也即将失去。失去了家，就意味着要背井离乡，到处逃亡。在这个世界上，人人都渴望和平，人人都渴望生活在一个没有战火和硝烟弥漫的年代。可是，红尘路上，总有数不清的枪声炮声和爆炸声，响彻每一个朝代，令人胆战心惊。

虽然没有亲身经历过战争，但是，我看过那些抗战的纪录片、电影和电视剧，当炸弹从逃难的人群上空飞过，当空气间充满血腥味和哭喊声，那种惨烈的场面总会令人落泪、心碎。

"国破山河在，城春草木深。感时花溅泪，恨别鸟惊心。烽火连三月，家书抵万金。白头搔更短，浑欲不胜簪。"这是杜甫所写的《春望》，诗人以写长安城里草木丛生，人烟稀少来衬托国家残破。写出物是人非的历史沧桑感，也写出了国破城荒的悲凉景象。

每每看到电视剧或者电影中那些因遭遇战争霍乱，或者洪水之类的天灾，携老带幼，背着包袱，四处逃亡的老百姓，总觉得心酸。那些人，或许从此便开始一段跌宕起伏的、背井离乡的艰难岁月。生活安宁、和平，是谁都希望的。生命的受伤、消逝，是谁也无法弥补的。

小时候，我总想不通为什么人类要战争，要互相残杀，不能和平共处。长大后明白了，只要有人的地方就有争斗，也终于明白了"人在江湖，身不由己"的含义。

公元1134年（宋高宗绍兴四年），李清照由临安去金华避乱，途经严子陵钓台时曾写下了一首《钓台》，道出自己挣脱不开名缰利索，但也不愿为名缰利索所羁绊的复杂心情。

钓台

巨舰只缘因利往，
扁舟亦是为名来。
往来有愧先生德，
特地通宵过钓台。

我每每读这首诗，总会在脑海中浮现一幅远古的山水画，画中有披着薄纱的青山，有与天空连接在一起的江水，有来来往往的船只，还有那承受着厚重历史底蕴的钓台。画中飘散着一股文人骚客的墨香，那不被名利缰绳所羁的严子陵，反穿羊皮袄静坐在此垂钓。

那些大船，是因为谋利才去那里，那些小船，也是为了沽名而来。当李清照乘船经过钓台的时候，心里百感交集，她敬重子陵先生的品德，也想像他那样，不为名缰利索所羁绊，但是，生活在这个离乱的现实社会中，有很多事情是身不由己的，只能在这乱世中苟活苟安，实在无颜面对先生的高德，心中无比惭愧，于是特地趁黑夜悄悄经过钓台。

孔子云："知耻近乎勇。"李清照的知耻之心，与当时那些出卖民族、出卖人民的无耻之徒相比，确实是可敬多了。

是的，每个人都有身不由己的时候。人类处在社会这个大染缸里，即使你自己想与大家和平共处，不愿去跟别人争斗，可是依然有人要跟你争斗。你淡看金钱名利，却不能保证身边的人个个都淡看金钱名利。有些事情是由不得自己的，因为人是各种各样的，有着各种各样的性格，也有各种各样的兴趣爱好和人生目标。有人想实现自己的目标，就会不择手段，甚至不惜牺牲别人的幸福和利益。有人要想保护自己的利益，就必须去抗争。于是，战争就发生了。

这个世界上，战争无处不在，商场、情场、官场，就连路边的乞丐有时候也会因为抢地盘而大打出手，更别说一个泱泱大国。

或许，战争只是一种掠夺和捍卫的形式，秦始皇为了实现自己统一天下的目标而战。周武王伐纣，是为了给国民带来安定的生活，让他们不再妻离子散，到处流亡。

清朝晚期，政治腐败，《南京条约》《北京条约》《马关条约》《辛丑条约》，一个个不公平的条约，一场场肆无忌惮的征战和强取豪夺，让中国人民陷入无穷无尽的黑暗之中。当炸弹从身边炸响，当硝烟弥漫在空气间，有多少仁人志士在祖国危急关头，抛头颅、洒热血，为国捐躯，为国家的崛起和国民的利益而战。

"鞠躬尽瘁，死而后已"是诸葛亮的忠贞赤诚之心；"还我河山"是岳飞的豪言壮语；"天下兴亡，匹夫有责"是顾炎武的金玉良言；"我以我血荐轩辕"是鲁迅的爱国宣言……

这些仁人志士，并不是喜欢战争的人，但是，他们却必须加入战争这个行列，用自己的聪明才智去保卫自己的国家。

名缰利索，引发争斗。人在江湖，身不由己。在那段国难当头，背井离乡的岁月里，李清照写下了很多爱国的诗词。她用自己坚强的意志和独特的方式，去面对烽火流年，尽自己最大的努力去保护文物。

颠沛流离，和衷共济

人生本无定数，回首已是天涯。

国乱，家也无法安定，从汴京到青州，从青州到江宁，那些漂泊的日子，说不尽的沧桑，唯一能给李清照以慰藉，让她念念不忘的，是那幽幽的一缕梅花香。即便是一枝残梅，也可以闯入她的诗词。

诉衷情·夜来沉醉卸妆迟

夜来沉醉卸妆迟，梅萼插残枝。酒醒熏破春睡，梦远不成归。

人悄悄，月依依，翠帘垂。更挼残蕊，更捻馀香，更得些时。

从古至今，很多文人吟诵歌咏的梅花，都是凌寒独自开，傲立枝头不畏霜雪的。很少有人去写残梅败叶，但李清照却不落窠臼，把一枝残梅收入自己的词中。

在那个早春的夜晚，她酒醉回到卧房，连头上的钗、簪等物也没有心思卸去，便昏昏睡去。不知道是怎样的心情，可以让她饮那么多酒，以致夜来沉醉，迟迟没有梳妆。

看来，她又是去饮酒赏梅了吧？插在头上的那枝梅花，因磨蹭而蔫萎、败落，但依然散发出诱人的幽香。

红梅凋谢，只剩残枝。这是一个多么令人伤感的画面。或许，现在的宋代，也是如此惨状吧。在金兵的摧残下，汴京被破之后，他们大肆地烧杀抢掠，曾经的繁华之都几乎成了一片焦土。

酒力渐渐消退，残梅清幽的芳香不断袭来，熏醒了睡梦中的人，梦只做了一半，没能回到故乡。是啊，故乡已在金人的铁蹄之下，想回去谈何容易。只有在梦境中才能得到精神上的暂时慰藉，这是何等不幸，偏偏一枝残梅把梦中的美景打破了，可怜了一份殷切的怀乡之情、故国之思。

故乡，在任何人眼里，都是极其亲切的，李煜在诗词中也感叹过"故国梦重归，觉来双泪垂"。

李清照思乡至极，以酒浇愁，以致沉醉入睡；梅香扰断了她的好梦，使她在梦境中回到北国故乡的愿望无法实现。归梦不成，无限感叹，惘然若失，心又生出抱怨，虽说是怨梅，其实怨的却是故土难归。

我看过金昌绪的《春怨》，里面的黄莺歌声惊醒了女主人；我也看过岳飞的《小重山》，里面蟋蟀的鸣叫声惊醒了主人公的梦。李清照却是被花香所惊醒的，或许，这就是她的特别之处吧，总是能给人一种出乎意料的美感。

醒来已是深夜，四周一片静谧，再也睡不着了，百无聊赖的她，再搓一搓残余的梅蕊，再捻一捻余留的花瓣，再消磨些凄凉的时光。那种思乡怀人之情，欲归不得的苦涩，在夜晚越发难受。

轻柔如水的月光，给大地涂上一层透明的银色。窗上的翠色帘幕纹丝不动地垂挂着。帘外，明月当空；帘内，无限凄清。孤独的人在手中反复揉搓着一枝残梅，无言独处，等待天明。陪伴她的，是那淡淡的月光，还有幽幽的梅香。这是一幅多么凄清的图画啊！

滚滚红尘中，多少人在起落浮沉中经历着岁月的蹉跎；多少人在颠沛流离中，学会了在夹缝中生长；多少人在两难的抉择中，抱着玉石俱焚的信念，守护着自己的梦想。

有时候，我总觉得人就像浮萍一样，不知道是向左还是向右，也不知道终点在哪里。只是在人海中不停地漂着，几经浮沉，终于在风吹浪打中逐渐学会了乘风破浪。虽然梦想总会被汹涌的波涛湮灭，但只要拼搏过，便无怨无悔。

当李清照独自回了青州，看着那堆满十几间房子的各种文物，有些发愁。据一些资料记载，青州古城是古齐国的腹心地区，是古老的文物之邦，有很多丰碑巨碣和三代古器。

赵明诚夫妇在青州期间，收集到一大批石刻资料，如《东魏张烈碑》、《北齐临淮王像碑》、唐李邕撰书《大云寺禅院碑》等。益都出土的有铭古戟，昌乐丹水岸出土的古瓠、古爵，也陆续成为他们的宝藏。

他们收藏的这些文物品种繁多，又笨重，别说是长途迁运，即使是简单地整理一遍，都要耗费相当大的体力与时间。更何况，此时此刻，狼烟四起，兵荒马乱，身单影只的她该如何处理如此繁巨的文物？又该如何平安地与丈夫团聚？

未来的日子，像黑漆漆的夜晚，看不到一点阳光。抬头仰望，天还是那片天，唯一不同的是，她曾引以为豪的梦想，此时已成了沉重的负担。即便她和丈夫计划得再周详，胆子再大，那些文物也没能保住。原本她想等明年开春时运走这些文物的，可是，就在这年的十二月，处在动荡时局中的青州突然发生兵变，青州的郡守被叛军所杀。

计划总是赶不上变化。在这个冰霜雪冻的腊月，十余屋文物居然被一把火烧得精光。看着熊熊烈火，任凭心与往事相对叹息着。曾经拥有的，已经彻底失去了，已经失去的，以后也很难再拥有了。

李清照无比悲伤地在《＜金石录＞后序》里写下："凡所谓十余屋者，已皆为煨烬矣。"

虽然李清照没能挽救这十几间大屋里边所藏的文物，但是她还是拼着命抢出了一些非常珍稀的字帖以及相关的文物,其中有一本《赵氏神妙帖》是赵明诚非常看重的。

赵明诚在蔡襄《赵氏神妙帖》的跋当中说,这本字帖是当初自己在东京的时候花了二十万买的,兵变发生之后,青州家中的物品包括文物全都荡然无存,只有我的老妻独自携带着这幅字画逃了出来,她刚刚逃出来乘船南下过镇江的时候,又遇到强盗,她依然怀抱着这幅字帖,躲过了强盗的抢掠。这幅字帖能够保存下来,真是皇天护佑,那真是奇迹。

虽然,赵明诚讲的只是神妙帖的遭遇经历,但是由神妙帖我们能看得出来,李清照当时的处境其实是非常危险的。她虽然没能够把所有的文物保护下来,但已经尽到一个弱女子所能尽的最大能力,去保护她和丈夫共同的梦想。

据史料记载,当李清照押运十五车书籍器物,行至镇江时,正遇到张遇陷镇江府,镇江守臣钱伯言弃城而去(《续资治通鉴》卷一〇一),而李清照却以其大智大勇在兵荒马乱中将这批稀世之宝,于建炎二年(1128年)春押抵江宁府。

在这个颠沛流离的社会里,李清照和赵明诚凭着自己对文物的挚爱和强烈的责任心,和衷共济,认真记载了每个文物的命运和经历,并把它们整理归档。虽然有些记载由于年代久远,可能丢失了,但是我们依然能充分地感觉到他们有着一种强烈的保护文物的意识和责任感。

李清照至江宁后,雪日每登城远览以寻诗。以宋高宗为首的妥协投降派,借口时世危艰,拒绝主战派北进中原,一味言和苟安。李清照十分不满,屡写诗讽刺,曾有"南来尚怯吴江冷,北狩应悲易水寒""南渡衣冠少王导,北来消息欠刘琨"之句。这几句诗在当时流传甚广,既表现出女词人对北方沦陷的悲叹和对南宋朝廷偷安江南的不满,同时又表现出她希望南宋朝廷能出现一位像东晋王导一样杰出的人物,力挽狂澜,拯救国家于危难中。

从古至今,关心政治的女词人并不多见。李清照在自己诗词里表现的对国家大事及国家命运的关心，是很难得的。或许是因为靖康之难给了她很大的打击，激发了她内心深处强烈的爱国情感。她是一个把文化和文物看得比自己生命还要重要的人，当她带着这些文物颠沛流离，到处逃亡的时候，心情是极度痛苦的。她痛恨腐败无能的朝廷，统治者没有能力抵御金兵，苟且偷安，让自己国家的百姓流离失所，亲人离散。

李清照的这种心情，只有跟她有过相同经历，又有共同梦想的人才能感同身受吧。我想起了《李清照集校注》的作者王仲闻先生，他是大师王国维的次子，痴迷于宋学的研究，他也是一个喜欢收藏文物的人，他对文化文物的爱不亚于李清照。虽然王仲闻与李清照生活在不同的年代，但他们的经历和对文化文物的爱，却是一样的深挚。我想，如果，他与李清照生在一个时代，应该可以成为不错的知己吧。

每个人的内心都有一个属于自己的角落。那里可能装着很多很难实现的梦想，也可能装着纷繁人生路上的许多困扰。人有时候真的需要有一个知己，在你烦恼时听你诉说心曲；在你开心时分享你的乐趣；在你失意时站在身边鼓励你。人生中最难得的知己，就是能够以你的梦想为梦想，以你的喜怒为喜怒。

在这段颠沛流离的日子里，李清照与赵明诚既是夫妻，也是知己。尽管他们的婚姻也出现过一些瑕疵，但这并不影响他们一起对梦想的追逐。

有人说："人生最精彩的不是实现梦想的那一瞬间，而是坚持梦想的那个过程。"是的，逐梦的过程虽然艰辛，却很快乐。如果你想翱翔蓝天，那你就要和雄鹰一起飞翔；如果你想驰骋大地，那你就要和骏马一起奔跑。如果有个人愿意陪着你一起追逐你的梦想，哪怕结果不尽如人意，也终生无憾了。

虽然，如今的大宋如残梅般凋零，生命也如残梅般不堪一击，但只要能与志同道合的人在一起，守着最初的梦想，在颠沛流离中和衷共济，就依然可以在心灵深处，嗅到一缕梅香。

君心我心，聚散依依

夜深人静时，聆听邓丽君演唱的《君心我心》，总觉得有些凄楚："多少清晨，多少黄昏，一段旧情常挂我心，几许良辰几许美景，恰似春梦，消逝无痕，你给我的温馨已经变冰冷，诉情的小径落花缤纷，独把琴弦拨弄一阵哽咽，只要想起你又爱又恨，君心我心，不能共鸣……"

君心我心，最怕的就是不能共鸣。曾几何时，清墨盈笔，书写心有灵犀的惬意。无奈，一曲高山流水，却穿不过江宁的纷飞战火和腥风血雨，飞溅了一地的失落和惋惜。

"望归鸿而思故里，见碧云而起乡愁"几乎成了唐宋诗词的主题。李清照的《菩萨蛮·归鸿声断残云碧》，写尽了客居外地的惆怅情怀。

菩萨蛮·归鸿声断残云碧
归鸿声断残云碧。背窗雪落炉烟直。烛底凤钗明。钗头人胜轻。

角声催晓漏。曙色回牛斗。春意看花难。西风留旧寒。

大雁南归，声声鸣叫，听着那些使人断肠的雁鸣声渐渐消失在布着丝丝残云的碧空时，客居异乡的人，总会时不时地想起家乡，想起家乡的时候，对周围的事物总会特别敏感，一封书信，一句家乡话，一声鸟鸣，都会引起自己对家乡的念想，尤其是在逢年过节的时候。

或许，很多人都知道清明节、中秋节、国庆节、重阳节、春节等这些传统节日，却很少有人知道人日节。

据说，人日节是人类的生日，也叫人胜节。女娲初创世，在造出了鸡狗猪牛马等动物后，在第七天造出了人，所以这第七天，也就是每年的正月初七，是人类的生日。汉朝开始有人日节俗，魏晋后人们特别重视这个节日。古代人日节有戴"人胜"的习俗，从晋朝开始有剪彩为花、剪彩为人，或镂金箔为人来贴屏风，也戴在头发上。此外还有登高赋诗的习俗。

时至今日，也有在外的游子在年前回家，过了人日节才能远走他乡的风俗。人日节这天不出远门，不走亲串友，在家团聚。人日节下午一般吃长面，也叫拉魂面。意即过年时人走东串西，心都野了，人日一过该准备春耕生产了。故而吃拉魂面，把心收回来，准备春耕生产。

原本人日节是该回乡跟亲人团聚的日子，可是李清照却只能在异乡度过。卸下人胜首饰的刹那，思乡之情溢满心头。

人日那天无风无雨，黄昏时，残雪飘零，大地上如此宁静，几声归鸿却打破了沉寂的氛围。那些残云微雪，与断了音讯的归鸿，汇成了一幅阴冷惨淡的早春图。夜幕拉开，周围更显得冷清，毫无春意，在微弱的烛光底下，头上戴的钗头凤特别明亮，人胜首饰也那么轻巧，而闺中人却在春寒料峭的寂静深夜、在孤雁啼鸣声中独坐；烛光下的艳妆，并不能消除内心的惆怅寂寞。

远处的号角声催开了晨幕，看晓漏已是黎明时分，斗转星横，天将破晓。转眼天光大亮，报春的花儿想是开放了吧。但是时在早春，西风还余威阵阵，花儿仍然受到料峭春寒的威胁，哪有心思出来争春！

历经劫难，李清照终于赶到了江宁，与赵明诚重新团聚了。而此时，刚刚成立的南宋政权急于用人，任命赵明诚担任了江宁知府。

金军和江宁，隔江对峙。面对与逃避，在赵明诚的心中对峙。这是一个危难的时局，是做护国的勇士，还是逃命的懦夫？李清照与赵明诚的选择出现了分歧。这个分歧，让李清照失望无比。

热爱收藏文物的赵明诚，在大敌当前时，依然只关心自己的金石。我们知道，他对金石文物的热爱几乎痴狂。

年轻的时候，他与李清照一起去当铺当衣服，用当来的钱财来购买文物；在淄州做知州时，他到处寻访字画文物，与李清照一起收集鉴赏。那时候无可厚非，但是在国难当头，朝廷委以重任的时候，他的眼里却依然只关心自己的金石文物，这不得不让人叹息。

据说，以前赵明诚买字画的时候，若是买不起，只是借来看两个晚上就还给人家。如今，却仗着自己是高官，把自己喜欢的字画借来看，看着看着就把人家的字画留下来，不再归还了。据某些资料记载，赵明诚有一个表亲的儿子叫谢伋，谢伋手中有一幅画叫《萧翼赚兰亭图》，描绘的是当时萧翼怎么从朋友的手中把《兰亭集序》骗出来的故事。谢伋带着这幅画路过江宁，给赵明诚看，想跟他一起欣赏。可能是因为这幅画太好了，所以赵明诚就想留在家里看，任凭谢伋怎么催还，都找借口留着，留着留着，最后就变成自己的了。

李清照到达江宁的时候，她的内心深处装着的是国家的安危。她是个多愁善感的文学家，看着山河破碎，百姓流亡，想着青州的文物被毁，自己离开家乡，过着颠沛流离的生活，心里很痛苦。在这样的处境下，她不再是那个一边烹茶一边欣赏字画的高雅文人，她把自己忧国忧民的一缕缕愁思都寄托在诗词上。

宋代有一个叫周辉的人，他在笔记杂史《清波杂志》第八卷中记载：

"顷见易安族人言：明诚在建康日，易安每值天大雪，即顶笠披蓑，循城远览以寻诗。得句，必邀其夫赓和，明诚每苦之也。"

这段记载里面说，李清照在江宁的生活很不愉快。每次到了下大雪的时候，她都要戴上斗笠，披上蓑衣，登到城楼上去寻觅诗句。每次写了诗之后还要邀请她的丈夫赵明诚一起来唱和，赵明诚每次都为这件事感到苦恼。

或许，他的苦恼之处在于自己是江宁知府，每天有很多政务要处理，没有时间总是陪她去吟诗作赋。或许是因为他的才华不及李清照，很难跟她和上诗。或许是因为他虽然心不甘情不愿，但还是要陪李清照登上城楼去写诗。

虽然有诸多苦恼的原因，但他愿意在百忙中抽出时间，陪李清照登上城楼去寻觅诗词，说明他依然在意她，理解她的心情。只是，他的心思与李清照的心思已经隔了一层膜，无法像以前那样琴瑟和鸣，心照不宣了。

当烽火逼近江宁，当世俗的冷风吹落最后一片枯叶时，沉默或许是最好的表达。我想，两个人在心灵的大海中扬帆起航，不同的梦想总会划向不同的方向。或许，如今的他们已经分隔两岸，赵明诚在此岸，李清照在彼岸，心与心相通的那条路已经迷失，和谐的脚步也已丢失。

有些人的一生，总在聚聚合合中度过。李清照和赵明诚不知道经过了多少次离散，才换来了一次相聚。原本能够再次相聚，是一件多么不容易，多么值得庆幸的事情，但是人相聚了，心却渐渐离散了，这又是一件多么可悲的事情。

在冰天雪地里，李清照没有办法选择麻木，因为她是心系国家的爱国词人。她也没有办法在孤寂的时候选择失忆，因为很多事情总会不经意就浮上心头。她无可奈何，只能蜷缩在荒芜的情感背后，用诗词排遣自己内心深处的寂寞和忧愁。

一位孤独的女文学家，手执一首首沉甸甸的诗词，深深地陷入独角戏里。这是一幅多么凄美的画面。

独依梦乡，读取黑暗中的忧伤。谁能借给她一束暖光？照亮前方的路面，让脆弱的心在痛苦中坚强。

若人生只如初见，是不是就不会有如今的惆怅、寂寥和感叹了呢？停留在流年斑驳的光影里，寒流不断袭来。伸出手，触摸不到温暖的感觉，只看到孤寂在指尖上来来回回地踱步。双眸深处，有一个忙碌的身影不停地抱着金石文物在晃荡，心底揣着残存的梦，那个干枯的回忆却依然在喘息。

君心我心，无法共鸣。聚又如何，散又如何，如今，与丈夫思想无法一致的李清照，只有在满纸诗词中默默叹息。

客居他乡，若连最谈得来的人都无法再心灵相通，那种孤独和愁闷，是很难排解的。

敢于发声，心在魏阙

"风声雨声读书声，声声入耳；家事国事天下事，事事关心。"这是东林书院里的一副对联，无人不知，无人不晓。

据说，此联为顾宪成所撰，顾死后，这副对联被后人刻写挂在惠山寄畅园旁顾氏祠堂里，后毁坏无存。抗战胜利后，东林书院重修，此联被重新刻写挂在院内，提倡大家既要认真读书，又要关心国家大事。

在我国历朝历代，每逢国家危难之时，总会涌现许多仁人志士，他们都具有强烈的忧国忧民思想，以国事为己任，前仆后继，临危不惧，临难不屈，保卫祖国。正因为有这种可贵的精神，才能使中华民族历经劫难而不倒。

"国家兴亡，匹夫有责。"自古至今，爱国，如同一面永不褪色的旗帜，永远飘在每一个关心国家兴衰的人心中。

热爱祖国，是一种最纯洁、最高尚、最强烈的感情。一个真正热爱祖国的人，是最高尚、最纯洁、最有情的人。

有人会在国家危难之际挺身而出，牺牲自我，挥舞刀枪上战场，晏婴常思奋不顾身，而殉国家之急；司马迁爱国如饥渴；苏武，出使匈奴，被匈奴关押了十九年，不辱使命，宁死不降；班固捐躯赴国难；袁崇焕，靠一人之力阻击后金多年，保明朝江山；为革命事业牺牲自己，受尽酷刑仍坚不吐实，被敌人杀害并毁尸灭迹的江姐……

这些英雄人物的事迹,都在时光流逝中变成了历史故事,永远记在人们心中。

有人会用手中之笔讨伐敌军,表达自己的爱国赤诚。文天祥《过零丁洋》中的"人生自古谁无死?留取丹心照汗青";陆游《示儿》中的"王师北定中原日,家祭无忘告乃翁";王昌龄《出塞二首·其一》中的"但使龙城飞将在,不教胡马度阴山";霍去病对汉王朝的承诺"匈奴未灭,何以家为?"……

这一首首脍炙人口的诗词,一句句铿锵有力的爱国誓言,令人热血沸腾,无限敬仰。

李清照,原本就有着深沉的爱国情怀,随着历史变迁,面对破碎的山河,她用忠诚向祖国叩首;金人熊熊的一把火,几乎烧尽她和丈夫毕生的心血,却烧不尽她的志向和爱国魂。

风雨飘摇的大宋王朝,山河破碎,生灵涂炭。历经磨难的李清照,几经辗转,终于回到江宁城。此时此刻,她所写的作品几乎都是关于家仇国恨的,焦灼、痛苦、愁闷、愤恨充斥着她的内心世界。

虽然,她无法像男儿一样上战场,但是她用自己锋利的笔,写下了荡气回肠的爱国诗篇。那独特的笔锋,既针砭时事、谈论政治,又深切地表明自己爱国的立场。

虽然,她曾是一个吟花诵叶,歌咏儿女情长的小女子,但在国难当头之时,她表现出来的巾帼英雄气概令人震撼。

她的《夏日绝句》,雄壮有力,气势磅礴,读起来令人肃然起敬,斗志昂扬。

夏日绝句

生当作人杰,死亦为鬼雄。

至今思项羽,不肯过江东。

这首诗写于靖康二年（1127年），金兵入侵中原，砸烂宋王朝的琼楼御苑，掳走徽、钦二帝，赵宋王朝被迫南逃。后来，李清照之夫赵明诚出任建康知府。一天夜里，城中爆发叛乱，赵明诚不思平叛，反而临阵脱逃。李清照为国为夫感到耻辱，在路过乌江时，她想起了项羽，写下此诗。

项羽突围到乌江，乌江亭长劝他急速渡江，回到江东，重整旗鼓。可项羽自己觉得无脸见江东父老，便回身苦战，杀死敌兵数百，然后自刎。

项羽的悲壮，令李清照敬佩无比；宋帝和赵明诚的只顾自身安危，弃国弃城弃民逃命，却令李清照愤慨不已。对于一位爱国人士来说，心中最痛恨的就是那种在国难当头时，贪生怕死的人。

有人说她这首诗是针对杜牧的《题乌江亭》而写的。杜牧的诗里说："胜败兵家事不期，包羞忍耻是男儿。江东子弟多才俊，卷土重来未可知。"他认为胜败乃兵家常事，大丈夫能屈能伸，审时度势，善于判断，而且谋划好东山再起，只要最后能够取得胜利，就算是暂时退缩，也无所谓，大家依然会认为你是英雄，正所谓留得青山在，不怕没柴烧。像越王勾践的卧薪尝胆，韩信的胯下之辱，都是为了以后的奋发图强养精蓄锐的。

李清照的《夏日绝句》强调的却是不退缩，正所谓士可杀，不可辱，她宁可慷慨悲壮地直面死亡的威胁，也不愿意缩头缩脑地苟且偷生。就像项羽一样，虽然他当年有退路，但他决不后退，最终选择了乌江自刎。所以很多人认为他是宁死不屈的真英雄。

从古至今，每个人的英雄观都不一样。或许，杜牧和李清照的英雄论都有各自的道理，世人很难评断他们谁对谁错。

国家遭难，李清照对当朝统治者懦弱逃窜的行为是很反感的，赵明诚的临阵脱逃，更是深深地刺痛了她的心。

宋高宗的建炎三年，即公元1129年，这时候的赵明诚做江宁知府已经有一年多了。在这一年的二月，御营统制官王亦在江宁城内起兵作乱。

虽然御营统制这个官位比江宁知府要低，但是他统御的兵力不归属于江宁知府，而是归朝廷直接统辖，他要起兵作乱，这对于江宁知府来讲，是非常危险的一件事情。所幸的是赵明诚的部下，江东转运副使李谟，得到了这个要叛乱的消息，赶紧去告诉赵明诚。碰巧，在这个关键时刻，赵明诚已经拿到了调任湖州知州的调令。

赵明诚认为自己已经不再是江宁知府，这里所有的事情都应该由新任的江宁知府来处置。当李谟把御营统制叛乱的消息告诉他时，他并不重视。李谟很无奈，只好自己想办法。

李谟预测叛军所要经过的街巷，在每一条街巷里设置路障，并且埋伏了兵将。果不其然，当天晚上，叛军在天庆观纵火，企图抢掠整个城市。幸好李谟安排在先，防患于未然，及时阻止了惨剧的发生。他们用斧子砍开南门之后，逃出城外，没有酿成大祸。

可是，当李谟天亮时去向赵明诚汇报平叛的情况时，却发现赵明诚和另外两个江宁府的高官已经在昨晚从城楼上悬下绳索逃走了。

或许，我们不能指责赵明诚，因为他不再是江宁知府。从制度上，他不管江宁的安危无可厚非。但是江宁也是南宋江山的一部分，既然他还没有离开那里，就有责任负责江宁老百姓的安危，在生死存亡的关键时刻，他抛下自己的家人和全城百姓，还有那些他看得比自己性命还要重要的金石文物，临阵逃脱的行径不但是李清照所不齿的，也是我们所不齿的。

李清照的爱国情怀，与其家庭教育是分不开的。在新旧党争的旋涡里，她的父亲李格非敢于坚持自我，卓然独立，其不畏惧权贵和勇于向封建恶势力挑战的凛然正气给李清照带来了不可磨灭的影响，她的爱国意识以及冷静敏锐的远见卓识，都跟父亲的正直品格密不可分。

李清照的爱国情怀，与她一生的特殊经历也是分不开的。她经历了表面繁华而动荡不安的北宋末年和懦弱胆怯偏安江左的南宋初年。危机四伏、动荡不安的北宋王朝，赋予李清照敏锐的洞察力和深切的忧患意识。那些借古讽今、直斥时政的爱国诗词，既是她强烈的爱国主义情感的真实再现和深刻的政治批判锋芒的展露，又反映了她对国家、民族命运深深的关切与忧虑。

那一句句深沉厚重的铿锵之气和不让须眉的慷慨词句，在硝烟滚滚的战火和动荡不安的时代里，闪烁着夺目的爱国情，那一缕缕忠贞率直的情感牵动着后世文人的心，放射着灼灼的光华。

人活着就要做人中的豪杰，为国家建功立业；死也要为国捐躯，成为鬼中的英雄。这种爱国激情，溢于言表，振聋发聩。这是一种所向无惧的人生姿态。这种凛然风骨，浩然正气，充斥于天地之间，直令鬼神徒然变色。

一双纤纤玉手，看似柔弱无力，但是执笔挥毫的力量，却能牵动一股刚韧的英雄豪迈之气，力透纸背，穿透胸臆，直指人的脊骨。这种气节是很多男儿都自愧弗如的。

"菊花到死犹堪惜，秋叶虽红不耐观。"——宋·戴复古《都中怀竹隐徐渊子直院》。

气节，对于一个人来说是很重要的。很多人都知道，一个国家的强盛在于人民的团结，而凝聚起民族精神的却是那永不屈服的民族气节。在社会生活中，人们永远尊重那些有气节、有情操、品德高尚的人。而那些名噪一时，却没有正义可言，只图虚名的人，终将成为过眼的云烟渐渐飘散，不留痕迹。

我曾读过这么一段话："一个拥有自己思想的人，不会人云亦云，不会失去自我判断的信心及能力，在真伪难辨的视听环境中，能冷静地坚持真理，不为表象所迷惑，不为压力所改变，那就是真正的智者！"

作为一个热爱祖国的人，是有思想，有激情，能够坚持自己的立场，敢于说出自己的想法，不被他人的思想所左右的人。

读着李清照的诗词，我想起爱国将领吉鸿昌的故事：

在北伐战争之后，日本帝国对中国虎视眈眈，国民党借口"攘外必先安内"，拼命剿杀共产党。当时吉鸿昌奉命攻打鄂豫皖苏区，他在前线化装成小炉匠进入苏区，亲眼见到共产党的真实情况，觉得茅塞顿开，并为自己立定了目标："投错了门路，就拔出腿来！"于是准备率部起义。不料蒋介石得到密报，很快解除了吉鸿昌的兵权，以"考察"的名义将他驱逐到国外。赤心爱国的吉鸿昌在美国受尽了民族歧视，有人告诉他，你说自己是日本人，就可以受到礼遇。吉鸿昌怒不可遏，说："你觉得当中国人丢脸，我觉得当中国人光荣！"为此，他特意做了一枚木质胸卡，上面用英文写着"我是中国人！"而且随时随地佩戴，直面那些看不起中国人的人，用中华民族的自尊向美国的种族歧视发起挑战。

我也想起了英雄邓世昌和刘胡兰的故事：邓世昌在中日甲午战争中英勇杀敌，即使在势单力薄的情况下，他也没有屈服，早已把生死置之度外，在战斗的最后一刻，他开着舰艇，英勇地向日军舰艇冲撞过去，伴随着舰艇的沉陷，邓世昌被海水掩埋，那一刻，他无悔，因为他没有屈服。

年仅十五岁的刘胡兰，面对敌人明晃晃的铡刀，任凭他们威逼利诱，始终不肯做叛徒，丧心病狂的敌人，见自己软硬兼施都得不到革命的秘密，便残忍地处决了她。这朵革命之花，永远开在人民的心中，激励着革命后辈无数人。

敢于发声，心在魏阙，视死如归，保家卫国，这是一种多么豪迈的爱国情怀。

第三章

一滴清泪，洗净凡尘铅华梦

时间，让世间万物都变得苍老。回忆，却在滴落的沙漏中变成了永恒。或许，每个人心中都有一座坟，埋葬着过去的各种伤痛。很多身影，已经被喧闹的城市，抑或是僻静的乡村所遗忘，却留给至亲的人无尽的思念。

在遥远的宋代，有一位女词人，坐在时光背后，执笔书写尘世的忧伤，一滴清泪，融化在字里行间，掩盖半辈子的辛酸，还有那难以诉说的孤寂。

没有阳光的日子，月亮依旧皎洁，但却泛着寒光，冰冷得有些凄凉。谁的心在哭泣，那一滴眼泪，足以淋湿整个世界。梦里，可以与周公同醉。梦外，却不知道该与谁共举杯？或许，时间也会下雪，雪花铺满双鬓时，便是岁月垂暮日。

奈何桥下，是否还有人在等你？孟婆面前，是否有人不愿意喝下那一碗忘情汤。轮回路上，是否还会遇到那一个人。

种种情殇和思念，化作一滴眼泪，浸透诗词。那是一滴经历沧桑的眼泪，或许，那就是天上女神在凝视人间苦难之时所流下的眼泪。据说，女神的这滴眼泪随着雨水落在人间，经历着人间所有最卑劣的时刻，承受着一切遂唾脓血的侵染。即使连干涸的大地都瞧不起眼泪的污浊，而拒绝让它以仅剩的能力来滋润万物。但眼泪仍不放弃希望，在太阳最后将它蒸发之际，誓愿化作一阵凉风，吹拂苦热，给人们一丝清凉。几经辗转和考验，最终回到女神的头间，成为一颗最闪亮的珍珠，温暖一段几近黑暗的道路。

南渡之恨，赤子之情

梁简文帝一句"翻阶蛱蝶恋花情"，引发了无数文人的愁思。

柳永的《蝶恋花·伫倚危楼风细细》："伫倚危楼风细细，望极春愁，黯黯生天际。草色烟光残照里，无言谁会凭阑意。"

苏轼的《蝶恋花·花褪残红青杏小》："花褪残红青杏小。燕子飞时，绿水人家绕。枝上柳绵吹又少，天涯何处无芳草？"

欧阳修的《蝶恋花·越女采莲秋水畔》："隐隐歌声归棹远。离愁引著江南岸。"

李清照的《蝶恋花·上巳召亲族》更是愁上加愁，这是一种别样的愁，她愁的不仅仅是自己，还愁家、愁国。

靖康之耻，国破之恨，深深地烙在每一个宋人的心里，尤其是李清照，不管她跟着夫君颠沛流离到哪儿，总是忘不了汴京城中的美好时光。越是忘不了那些时光，越是对那苟且偷安，只顾自己逃命的宋朝皇帝和官员感到不满。

那曾经无比繁华的汴京城，如今成了一片焦土。这是国之哀，君之哀，更是民之哀。这首《蝶恋花·上巳召亲族》，写满李清照的南渡之恨。

蝶恋花·上巳召亲族

永夜恹恹欢意少。空梦长安，认取长安道。为报今年春色好，花光月影宜相照。

随意杯盘虽草草。酒美梅酸，恰称人怀抱。醉莫插花花莫笑，可怜春似人将老。

"上巳"这个古老的节日，最早出现在汉初的文献里。根据记载，春秋时期就开始流行过上巳节了。上巳节，俗称三月三，就是三月上旬的第一个巳日，上巳日是古代举行"祓除衅浴"活动中最重要的节日，即春浴日。

上巳节是魏晋以后才固定在三月初三这一天的，每年的这一天到来，妇女儿童都喜出游。水边饮宴，郊外游春，不亦乐乎。

"暮春者，春服既成，冠者五六人，童子六七人，浴乎沂，风乎舞雩，咏而归。"这是《论语》中对上巳日情景的描写。

宋代的时候，将上巳节作为北极佑圣真君的诞辰，各地还要把神像从庙宇里抬出来游行祭拜，举行一场非常隆重的迎神赛会。这个习俗一直沿袭到现在，很多地方今天依然会过上巳节，举办迎神赛会。而每逢这一天，老老少少都会兴高采烈地去参加，街市上热闹非凡。

上巳节，原本是个欢乐的节日，但在李清照眼里，却是如此悲伤。

国难当头，李清照不得不随着丈夫四处漂泊，如今寄住在江宁这边，却挂念着汴京的安危。在这个离乱的年代，能够跟亲友聚在一起，实属不易，心里五味杂陈，如同梅子酒那般酸涩。

愁多了，哪里还能睡得着呢？可叹那漫漫长夜，让人提不起一点精神，心情也很郁闷。虽然欢意不多，但还是有的，毕竟，少女时期那荡秋千的欢乐时光，那游溪亭时因沉醉不知归路，划船惊起一滩鸥鹭的惊喜时光，依然历历在目。只是，那丝丝欢乐，却无法抹去如今内心的愁云惨雾。远离故土，告别过去，那些幸福快乐的流年，已经再也回不去了。

只能在梦里梦见京城，还能认出那些熟悉的京都街道。梦中的汴京，是那么繁华，梦里的故人，都还健在。只是，梦醒时分，一切都是空的，仅仅是个梦而已。这种感觉令人心中无比沉痛。

又一年的春天来了，只是，如今春天还是那个春天，为了报答眼下的好春色，花儿与月影也是相互映照。但是国家已经不是那个国家了。南渡以后，政局动荡，金兵不断进攻，百姓流离失所。汴京已经被占，建康是皇帝临时驻跸之地，又是军事重镇，可是高宗却不接纳宗泽、李纲、岳飞的誓师北伐主张，不但不能收复失土，如今，建康也快要失守了。虽然又逢上巳节这么一个快乐的日子，但是，国破家亡的人儿，哪里还能快乐得起来呢？

正如唐代刘希夷在《代悲白头翁》中所说的："年年岁岁花相似，岁岁年年人不同。"

是啊，每一年的春天都是相似的场景，百花盛开，鸟语花香，花谢了可以再开，每年一度。但是，时间是无情的，人会一年年衰老，只能往前走，无法回头。

如今，建康危在旦夕，国将不国。想必身处其中的宋国人都很难开心起来。李清照虽然是一个弱女子，但她胸怀拳拳报国心，凌云爱国志，心中想的是国家的安危，更快乐不起来。

佳节虽至，亲友聚会，她无心贺喜。简便的宴席，虽然菜很一般，酒却是美酒，味道也很合口，一切都让人称心如意。只是，饮着这瓶酸梅酒，酒酸人心也酸。喝醉了将花插在头上，花儿不要笑我，可怜春天也像人的衰老一样快要过去了。只叹自己空持一颗怜人怜己的爱国心，春将老，人将老，国将亡，自己却无力挽回。

有人说，一个人不经意间的一句话、一篇文章或者一首诗词，有时候也会暗示着未来的命运。在这个兵荒马乱的年代，家国变迁，生活坎坷，李清照心里总会不自觉地长出一丝丝悲凉的感觉，这种感觉也总是情不自禁地糅入诗词里，但是，她万万没有想到，写完这首词，生命中更大的灾难也随之而来。

据资料记载，1127年"靖康之变"，到了年底，"青州兵变"。李清照自己押着十五车书籍器物，行至镇江时，恰逢张遇陷镇江府，镇江守臣钱伯言弃城而去。李清照大智大勇，将这批稀世之宝，于1128年春押抵江宁府。李清照至江宁后，雪日每登城远览以寻诗。艰难困苦，俱不言。建炎三年上巳，1129年三月初三，作此词。写这首词时赵明诚罢建康守，具舟上芜湖，入姑孰（今当涂），五月至池阳，又被旨知湖州，遂驻家池阳。六月，独驰马赴建康陛辞，冒大暑感疾，七月于建康病危，八月卒。

国恨未消，离愁未散，赵明诚却忽然永远地离开了她。一汪愁水，几乎把李清照的大半生淹没了。漫漫红尘，愁歌不绝，滴滴清泪，结串而坠。一首《蝶恋花》，诉不完，许多愁。

有人说："好的作品，是一粒种子，能在人的心灵深处，生出思想之根，发出精神之芽。"李渔的《闲情偶寄》中有句话："凡作传世之文者，必先有可以传世之心。"

鲁迅先生也曾经说过："文艺是国民精神所发的火光，同时也是引导国民精神的前途的灯火。"

据说，李清照这首写南渡之恨的词作，对南宋的一些词人，如辛稼轩、姜白石等，影响都很大。

辛稼轩有一首寓南渡之痛最深切的《摸鱼儿》，结尾"闲愁最苦，休去倚危楼，斜阳正在烟柳断肠处"，和李清照这首的"可怜春似人将老"一样，都是以"斜阳""春暮"暗喻国家社稷现状的。

李清照这首词能够引起世人的共鸣，或许就是因为那颗火热的爱国心和那份深深的赤子情，早已化作诗词，跳入人心，深深地触动了人们的灵魂。

一种孤单，超越时空

夜色，黑漆漆地笼罩在孤独的背影上，月光偷瞄了她一眼。干枯的手，颤抖得握不住流逝的时光。曾经悠扬婉转的琴音，如今变得低泣幽咽。落日，霞飞，花殇。闪光水影都是幻觉啊，她却沉浸在其中……

历史翻不过的那一页，他们相遇了，但是尘世间的生老病死，谁又能躲得过？屋内陷入沉寂，或许，太过优秀的人总是与孤独相伴的。人间大炼狱，终会被无边的黑暗席卷。夜幕收起最后一缕丝绸，黎明涂上第一抹鱼肚白，优雅淡泊的灵魂，穿行在时空，屹立在天地之间，终将会羽化成仙风灵云。

有人说："眼泪，是对往昔的深情拥抱，是对未来的虔诚向往，也是对生活的感动和无奈。当一颗泪从眼眶明朗地溢出，便完成了一个炽热的歌唱，完成一个伤感或欢愉的过程。"

还有人说："当你的眼泪忍不住要流出来的时候，睁大眼睛，千万别眨眼，你会看到世界由清晰到模糊的全过程。心，却在眼泪落下的那一刻变得清澈明晰！"

每个人都有眼泪，这是上苍赐给人类最好的礼物，当我们不知所措时，当我们遭遇痛苦挫折时，当我们美好的梦被现实撞击得七零八碎时，眼泪便是最好的心灵洗涤剂。它可以缓解你的痛苦，可以适时给你安慰。因为只有它，才懂得你的心碎。

李清照是不轻易流泪的，她的泪隐藏在笔里，倾泻在诗词中，读起来凄美，却依然带着坚强不屈。

她不是一个厌世的人，虽然承受着命运给予的各种苦难，过着颠沛流离的生活，寄人篱下，孤独终老，还要面对那些轻蔑不解的眼光和流言蜚语。但她的诗词中没有一句怨天尤人的话语，她如同那淡淡的月光，虽清冷却依然散发着迷人的光芒。

或许，她已经在苦难中参透世间八种苦。在那个女子无才便是德的封建社会里，没有人认同她，没有人能与她谈诗论词，鉴赏金石文物，追梦的赵明诚，已经离她而去。

正所谓"寡妇门前是非多"，如今，男人要避嫌，女人又不懂她，灵魂上再也找不到一个共鸣者了。

人生最痛苦的事情，莫过于幼年丧亲，中年丧偶，老年丧子。人生向晚，中年丧偶，晚年没有子嗣的李清照，守着一座孤寂冷清的小庭院，看着如血的夕阳和触摸不到的落霞惋叹。她如同一叶孤舟，漂浮在人生苦海中，无依无靠。

国事已没有能力去问，家事也不愿意向人提起。她的身边，只有满地落叶和孤寂落寞陪着她度过每一天，偶尔有一两个旧友来访，也只是来看看她，聊聊平常事，无法成为秉烛夜谈的知音。

我还依稀记得那个小故事：

李清照有一孙姓朋友，其小女十岁，极为聪颖。一日孩子来玩时，李清照对她说，你该学点东西，我老了，愿将平生所学相授。不想这孩子脱口说道："才藻非女子事也。"李清照不由得倒抽一口凉气，她觉得一阵晕眩，手扶门框，才使自己勉强没有摔倒。

虽说童言无忌，可小女孩的话对李清照的打击还是比较大的，她不禁感叹："原来在这个社会上有才有情的女子是真正多余的啊。"

爱国爱家、才冠京华的李清照，一直还奢想着著书立说、传道授业。到头来却落得个报国无门，情无所托，连小女孩都不认可她的思想。

或许，在别人看来，她是这个社会中的另类。这个世界上没有一个人能读懂她的心。一种跨越时空的孤独，淹没了她整个身心，一曲《声声慢·寻寻觅觅》，吟出了她一生的痛苦，也奠定了她在中国文学史上的崇高地位。

声声慢·寻寻觅觅

寻寻觅觅，冷冷清清，凄凄惨惨戚戚。乍暖还寒时候，最难将息。三杯两盏淡酒，怎敌他、晚来风急。雁过也，正伤心，却是旧时相识。

满地黄花堆积，憔悴损，如今有谁堪摘。守着窗儿，独自怎生得黑。梧桐更兼细雨，到黄昏、点点滴滴。这次第，怎一个愁字了得！

苦苦地寻寻觅觅，却只见冷冷清清，怎不让人凄惨悲戚。乍暖还寒的时节，最难保养休息。喝三杯两杯淡酒，怎么能抵得住早晨的寒风急袭？一行大雁从眼前飞过，更让人伤心，因为都是旧日的相识。

园中菊花堆积满地，都已经憔悴不堪，如今还有谁来采摘？冷清清地守着窗子，独自一个人怎么熬到天黑？梧桐叶上细雨淋漓，到黄昏时分，还是点点滴滴。这般情景，怎么能用一个"愁"字了结！

李清照南渡以后，正值金兵入侵，北宋灭亡，丈夫去世，一连串的打击使她尝尽了国破家亡、颠沛流离的苦痛，亡国之恨，丧夫之哀，孀居之苦，凝集心头，无法排遣。这种尝尽痛苦滋味的悲凉心境，国愁、家愁和情愁，数不清的愁绪，只有寄托在诗词中。

寻寻觅觅中，她只看到破碎的山河、消逝的幸福、残缺的家庭和无处可寄托的理想。

冷冷清清的，是一颗看不到国家民族前途，孤苦无依的心；是一个梦想被打破，对前程无比茫然的灵魂。

凄凄惨惨戚戚的心情，无人可以倾诉，无处可以逃避。她不是鲁迅笔下的祥林嫂，无法做到对周围的事情麻木不仁。她也不是以死抗争，为自己讨公道的杜十娘。她有着极高的文学天赋，将漫天的愁苦，酿成琼浆玉露，装在诗词这个美丽的瓶子里，存放上千年，待后人打开时，芳香扑鼻，细细品尝后，啧啧赞叹。

这是可供人类珍藏的词作精品，哀怨缠绵中，带着执着坚韧。既有女子的柔情万千，又有男子的阳刚之气。既有追求民族气节和政治上的坚定，又有追求人格的超俗。

郑振铎在《中国文学史》中评价李清照的诗词说："她是独创一格的，她是独立于一群词人之中的。她不受别的词人的什么影响，别的词人也似乎受不到她的影响。她是太高绝一时了，庸才作家是绝不能追得上的。无数的词人诗人，写着无数的离情闺怨的诗词；他们一大半是代女主人翁立言的，这一切的诗词，在清照之前，直如粪土似的无可评价。"

是的，李清照站在时代文坛的至高位置，所以她的才情、寂寞和忧愁是无人可及的。她研究金石，研究文化史，吟诗作词，从夏商至宋代，词艺高强的女子似乎也只有她了。或许，站在最高处的人，是很难觅到知音的，所以，她的孤独穿越了千年的时空。

或许，李清照的悲剧，就在于她生错了年代。那个女子无才便是德的封建社会，作为一个女才子，总容易被人当成另类，虽然大家喜欢她的词作，但对她那种处于社会思想至高点，追求比别人更高境界，有着高雅情趣，敢于发声的性格和为人处世方式，还是颇有说辞的。

无论如何，在那个社会，无论谁也无法接受她那种以平民之身谈论国家大事，以女人之身追求人格平等，在爱情、婚姻、文学方面敢于抨击，绝不随波逐流的作风。

"长歌当哭,势必在痛定之后。"——鲁迅。

鲁迅先生在《记念刘和珍君》中,用长声歌咏或写诗文来代替痛哭,借以抒发心中的悲愤。他认为"长歌当哭"应当在情绪回归正常之后才可以做到,当时他已经悲伤得没有能力发表什么言语了。

或许,李清照也是如此的感觉吧。一个人如果长时间地沉浸在悲痛感伤的激烈情绪当中,可能很难静下心来,叙写自己这种真实的情怀。

在赵明诚去世以后,李清照写自己孤独寂寞生活的作品比较多,但是直接描写失去赵明诚之后的内心感受的诗词并不多,《孤雁儿·藤床纸帐朝眠起》是为数不多的这类诗词中的一首,很真实地写出赵明诚刚刚去世不久时,李清照的内心世界。

孤雁儿·藤床纸帐朝眠起

藤床纸帐朝眠起,说不尽、无佳思。沉香断续玉炉寒,伴我情怀如水。笛声三弄,梅心惊破,多少春情意。

小风疏雨萧萧地,又催下、千行泪。吹箫人去玉楼空,肠断与谁同倚。一枝折得,人间天上,没个人堪寄。

花儿告诉雨滴,不要跟着阳光消失,我们应该永远在一起,它的花瓣,却随风飘入泥土里。留下渐渐干枯的雨滴,就像一声叹息。

有人说:"一个人的离世,如同一片树叶飘然坠地,如果人死了就会到另一个地方去,那一定是去别人的心里,每当落叶飘落在我们的肩头,那是在告诉你:'请珍惜!'"

有人说:"每个人都有属于自己的一颗星,当一个人死了,就会有一颗星陨落,化作流星,把最后的光芒献给世界,为世界增添最后一点美丽。"

还有人说:"人死后,身体的灵魂就会飘走,至于飘向何方,谁也不知道。"

死亡，是很多人不愿意提起的两个字，但是，这个世界上谁都会有死亡的一天，只是早晚的事情罢了。死亡的人，或许是幸福的，因为他们没有了痛苦，痛苦的是跟他们最亲近，最爱他们的人。

　　赵明诚的死亡，令李清照无比悲痛。她的《孤雁儿·藤床纸帐朝眠起》把这种心痛的感觉，表达得淋漓尽致。

　　清晨，一早从藤床纸帐中醒来，发现太阳已经很高了。昨夜又心痛到失眠。没有丝毫安慰，只有无尽的哀思。只有似断仍连的袅袅焚香和渐渐冷却的玉炉，陪伴她绵长、凄清的似水情怀。

　　是谁家玉笛吹起了梅花三弄？在沉寂中惊破梅心，梅花绽放，原本预示了春的消息，春天就要来了，是一件多么令人喜悦的事情，可是，这冬去春来的喜悦却与自己无关了。

　　据说，梅花花开有三度，每度都有各自的韵味。一度欲露还藏，二度满树灿烂，三度绿芽相伴。

　　据说，一天有三次赏梅的时光，每段都有各自的美丽。一段清晨含苞欲放，二段正午灿烂芬芳，三段夕阳映照，落英缤纷。

　　不管是哪一度的梅花，哪一段的赏梅时光，都可以听到凌霜的音韵，都是令人痴迷的。赏梅是一种美的享受，尤其是在悠扬婉转的笛声、琴声或歌声中。琴音伴随梅香，可以触摸到人们心灵深处的曼妙，令人陶醉、销魂。

　　李清照是爱梅的，所以她的诗词里少不了梅花。以前与丈夫一起赏梅的时候，她的心情是愉悦的。如今，她独自一人赏梅，却是如此凄清悲凉。

　　"问世间情为何物，只教人生死相许，看人间多少故事，最销魂梅花三弄。"如今，陪她赏梅的人已经不在了，就算是梅花预示的春天到来了，也找不回往昔的快乐了。

　　轻风中，疏雨潇潇地下着。此情景又催落我多少的泪啊。吹箫的人去了，玉楼空空荡荡的，寸断的肝肠知与谁同。折下一枝梅，可叹天上人间，又有谁值得我寄赠！

　　心情不好的人，最怕的就是雨天，见不到阳光。那些淅淅沥沥的雨，如同丝丝缕缕的愁绪，令人情绪低落，备感压抑，尤其是在一个人孤独无依，思念亲人的时候。门外开始下小雨，李清照的眼泪也扑簌簌地掉下来了。

　　或许，在李清照看来，弄玉与萧史是幸福的，可以一起在月下吹箫，一起乘着紫凤和赤龙腾空而去，双宿双飞。相比之下，她是不幸的，曾与她一起琴瑟和鸣的吹箫人独自远去了，再也找不到，人去楼空，纵有梅花好景，又有谁与她倚栏同赏呢？想当年陆凯思念友人范晔，尚可折下一枝梅，隔江赋诗以赠。可是她今天折下梅花，找遍人间天上，四处茫茫，却没有一人可供寄赠。

　　回想旧时光，李清照和赵明诚一起听箫声、笛声，一起赏梅花，并写下好几首关于梅花的词，她把梅花插在云鬓之间，让赵明诚看看到底是她漂亮还是梅花漂亮。现在小楼是空的，箫声吹来，没有人再陪她去听了。折一枝梅花，也许能够稍稍地安慰一下自己悲伤的心情。

　　可是这枝孤独的梅花，如同孤独的自己一样，无人可赠，无人可懂。

　　这种超越时空的孤独，或许只有陈子昂可懂吧，他的一首《登幽州台歌》，也吟出了一种空前绝后的孤独："前不见古人，后不见来者，念天地之悠悠，独怆然而涕下！"

山河破碎，苦不堪言

记得有一首歌叫作《山盟海誓亦会分开》："你的离开，填满我忧伤的悲哀，渐渐明白，海誓山盟亦会分开……"

有时候，听着电视剧和电影里男女主角恋爱时"我会永远保护你""我们永远在一起""我会永远爱着你"之类的誓言，感觉都是美丽的谎言。

我曾看过那些百岁老人的金婚场景，也曾看过白发苍苍的老夫妻一起牵手离开这个世界，他们是幸福也是幸运的，可为数并不多。其实，他们在一起的时间也没法超过一百年。

在这个世界上，谁能陪谁到永远，永远又是多远呢？永远在一起，或许，这只是个美好的诺言吧。因为谁也不能保证明天会怎样，谁也不能保证自己能否活过百年。就算是活过百年了，一起离开这个世界之后，是否还能互相陪伴，谁也说不清。

当美好的誓言如泡沫般被现实的残酷击破时，留下的除了哀伤，还有继续生活的勇气和坚强。在我眼里，李清照是坚强的。她随着历史的车轮飞速滚动。硝烟弥漫的苦雨，像花针一样，密密麻麻地扎在她的心田。失去了挚爱，她依然背负着两个人的梦想，追随着别人的脚步，含冤负屈，辗转在破碎的山河之间。谁能懂得那种无依无靠、无助无奈的情殇？

自古以来，凡是写忧愁的文人，都善于把自己的情殇和愁绪寄托在夜雨芭蕉中。它们常常与孤独忧愁，特别是离情别绪相联系，是秋日里最能解人愁绪的景象。

南方有丝竹乐《雨打芭蕉》，表凄凉之音。

南唐后主李煜在《长相思·云一缃》中说："秋风多，雨相和。帘外芭蕉三两窠。夜长人奈何。"

葛胜冲在《点绛唇》中说："闲愁几许，梦逐芭蕉雨。"

吴文英在《唐多令》中说："何处合成愁？离人心上秋。纵芭蕉，不雨也飕飕。"

杜牧在《八六子·洞房深》中说："听夜雨，冷滴芭蕉。"

顾敻在《杨柳枝·秋夜香闺思寂寥》中说："正忆玉郎游荡去，无寻处，更闻帘外雨潇潇，滴芭蕉。"

李清照的《添字采桑子·窗前谁种芭蕉树》，更是别有一番愁绪和韵味。

添字采桑子·窗前谁种芭蕉树

窗前谁种芭蕉树？阴满中庭。阴满中庭，叶叶心心，舒卷有馀情。

伤心枕上三更雨，点滴霖霪。点滴霖霪，愁损北人，不惯起来听！

不知是谁在窗前种下的芭蕉树，一片浓荫，遮盖了整个院落。叶片和不断伸展的叶心相互依恋，一张张，一面面，遮蔽了庭院。

"乡愁怕听三更雨"，满怀愁情的李清照翻来覆去，无法入睡，偏偏又在三更时分下起了雨，点点滴滴，响个不停。那淅淅沥沥的声响，打在芭蕉上，如同打在她的心坎上，刺痛了她的思国、怀乡和念亲之情。

她听不惯雨打芭蕉的声音，也不想听，不忍听。她的内心之苦，无人可以倾诉，因为此时，赵明诚已经离开了这个世界，这世上，再也找不到一个可以诉衷情的知音。

亡国之恨、民族之爱和颠沛流离之苦交织在心中，令她彻夜难眠。她的遭遇，就是北宋千千万万历经战乱，深陷水深火热中的难民的遭遇。

经历了丈夫病故的殇痛之后，李清照依然要面对动荡不平的社会。在山河破碎、生灵涂炭的岁月里，四十六岁的李清照带着丈夫遗留下来的金石文物，在战乱中孤身一人，四处逃离。她如同一只孤独的雁儿，离开了属于自己的群体，不知道该往哪儿飞。

一个弱女子，生活无依无靠，还要保管赵明诚留下的大批文物，既不能让它们毁于战火，又不能拱手送给金兵。那种无助又焦虑的心情，不是一般人能体会得到的。

据史料记载，李清照当时正好住在建康城，但是建康城已经不是一个可以安身立命的城市。从建炎三年的七月开始，金国的名将金兀术，亲率大兵由北而南，攻下了建康城。宋高宗早已经离开了建康，朝着东南沿海一带逃亡了。建康城在赵明诚去世的时候已经是危在旦夕。

面对个人安危和文物安危，李清照左思右想，只能去找赵明诚的妹夫李擢权。李擢权当时正好在洪州担任兵部侍郎。他在洪州护卫逃到洪州的宋哲宗的皇后，宋高宗的伯母——隆祐皇太后。

李清照之所以想要投靠李擢权，是因为在李清照看来，远离建康城的洪州远离战火，比较安全。虽然文物很宝贵，数量很大，但是作为一个兵部侍郎，应该有能力保管好这些东西。她做下这个决定之后，就委托赵明诚原来的两位下属把这两万多卷图书古籍、两千多卷金石碑刻的拓本护送到洪州，交给李擢权。

虽然她考虑得很周全，但是，事实还是不能如她所想的那么美好。当时金国攻打南宋，兵分好几路，金兀术是主力部队，负责追击宋高宗，这一路沿着东南沿海方向走。还有一支部队沿着湖北向南，这支部队的将军听说隆祐皇太后逃到了洪州，他攻下了湖北的黄州，又攻下了湖北的大冶之后，立刻进兵直逼洪州，想要活捉皇太后。

到了十二月的时候，洪州就被攻陷了。在此之前，李擢权早就护送皇太后离开了洪州向南逃到黔州。

在这种连自己性命都难以保全的情况下，李擢权根本没有心思和精力去保护那些文物。最终，这批文物毁于洪州的战火中。

这一大批文物的毁灭，对于李清照来说又是一次巨大的打击。文物的命运尚且如此，李清照的命运又将会怎样呢？

在这个到处都是逃难百姓，战火纷飞的年代，李清照认为最安全的地方都不安全了，她该到哪儿去，是找个深山老林躲起来？还是像只无头苍蝇般四处逃窜？如果真是这样的话，她就不是历史中那个有政治眼光，充满智慧的易安才女了。

李清照把目光放到宋高宗身上，她决定跟随宋高宗的这支逃难队伍一起逃。

虽然，金兀术率领主力部队连克数城，打下了建康，日夜兼程地在追宋高宗，万一不幸，可能会成为他们的俘虏，或者命丧在他们的大刀下。但是，她还是义无反顾地跟在宋高宗的身后一起逃难。据史料记载，她这样做的原因有三个：

第一，她的弟弟李远是朝廷敕令局的删定官，虽然官不大，但他始终跟随在宋高宗的身边。赵明诚去世后，李清照没有其他亲人，只能投靠弟弟。

第二，在青州和洪州这两次文物浩劫之后，李清照手里剩下的文物已经不多了，她当时在《＜金石录＞后序》里记录，还有些文物"岿然独存"，现在算起来是四类文物。一类是少量的、小篇幅的拓本和摹本，从一些石碑上、石刻上拓下来的摹本，还有刻本。第二类是李白、杜甫、韩愈、柳宗元以及南唐时期一些著名文学家的诗文集的手抄本。第三类是几十轴从汉代到唐代的石刻的副本。最后一类是十几件夏商周时代的青铜器。这些文物她随身携带，再也不敢交给别人。

第三，正当李清照怀着对于金兵残暴攻击的担忧和恐惧，带着"岿然独存"的文物，追随宋高宗逃窜的方向奔波时，朝廷上下突然冒出一种传闻，说赵明诚生前将一把珍贵的玉壶献给了金人，是个卖国贼。

夫妻俩收集文物的热忱，眨眼间变成了卖国贼。这对李清照来说，是个令她痛心的消息。在金国和南宋正处于非常严酷的战争状态时，在金人追杀南宋皇帝时，在赵明诚故去时，李清照精疲力尽，还要面对这么一个令她恐惧又伤心的莫须有罪名，她的精神压力很大，几近崩溃。

在《〈金石录〉后序》里，李清照对赵明诚是否献过玉壶的前因后果都做了非常详尽的交代。原来，当初赵明诚在建康城重病的时候，突然家里来了一个人，此人名叫张飞卿，是个学士。

张飞卿来探望赵明诚的时候，随身就带了一把所谓的玉壶，让赵明诚帮他鉴别。赵明诚是宋代数一数二的文物收藏家和鉴定家，鉴别完了之后，张飞卿学士就带着这把玉壶走了，再也没有联系。

李清照后来补记说，这不是玉制的，实际上是一把石壶。这世界上有一种石头叫珉，这种石头特别像玉，但只是像而已，并不是真正的玉。即便张飞卿拿着这把假玉壶献给了金人，那也不是赵明诚献的，所有权也不归赵明诚。

但是，我们知道以讹传讹的威力。这件事被大家传来传去，最后变成了这壶肯定是赵明诚的，赵明诚这个大收藏家的东西，不可能是假的。这玉壶，也是赵明诚献给金人的。这些流言蜚语，令李清照特别惶恐。她在《〈金石录〉后序》里写道："大惶怖，不敢言，亦不敢遂已。"

李清照不想承认这个根本不真实的罪名，但也不敢去辩白，只能用自己的聪明才智去解决这件事情。她想来想去，最后决定把家里的文物献给朝廷。但是，这毕竟是她和赵明诚毕生的心血，这么多年来一直跟随着自己，她怕稍有不慎，又再次丢失。

所以，她只能选择继续跟着皇帝的逃难路线往前走。但是，对于一个正在逃命的国家统治者来讲，根本顾不上这些文物。

宋高宗当年逃亡的狼狈相，是我们无法想象的，他从建康出发到镇江，从镇江又到越州，从越州又赶到明州，从明州上了舟山岛。到了舟山岛上的昌国，他又乘船到了台州，从台州的章安镇入海，走海路，一路又逃到了温州。或许，这就叫作"亡命天涯"吧。

山一程水一程，皇帝就这样落荒而逃，李清照就这样紧跟不放。这么一个快五十岁的孤独女人，不但身边要带着很多家用物品，还要带上一大堆文物，既要照顾自己，又要照顾文物。虽然说她跟着弟弟走，她的弟弟也能照顾她，但她弟弟也有自己的任务，他也要照顾皇帝和他自己的家眷。再加上古代的交通很不发达，这一路的艰辛可想而知。

据说，李清照为了能赶上宋高宗的队伍，把衣物、被褥全都扔了，只剩下那些残存的文物。就这样一步一个脚印地跟随宋高宗逃难的队伍行走，她的足迹基本上涉及了苏南地区和浙江的大部分地区。

时间划过，总是悄然无声，没有留下任何痕迹，年纪渐长，幼稚的梦已经醒来，未来的路如何走，有多漫长，多艰难，年近五十的李清照，一点都不愿意去想象。

她这一路上与孤单做伴，默默扛着那份苦难，行走在人世间，或许，她想放下一些什么，但是最终没办法放下，只能咬咬牙，用力扛着。或许，要等到她扛不动了，才能放下，才能解脱。

斗雪红梅，不折不挠

佛说："钱财身外物，放下就是快乐！"放下对名利的执着，放下对钱财的牵挂，便会一身轻松。我觉得这句佛谒很有道理。

我不喜欢官场上的明争暗斗，也不喜欢商场上的尔虞我诈。我向往的生活很简单，一本书，一杯茶，一支笔，一处茅屋，三餐素菜，于山水树林间书写光阴的故事。所以，年轻的时候看李清照的故事，总想不通她为什么不把那些文物变卖了，轻轻松松地找一处僻静之处过日子，写写诗词，弹弹琴，钓钓鱼。何必带着一大堆文物跟着懦弱的皇帝到处跑呢？

随着年纪渐长，我也渐渐明白了，这些文物对于一个国家来说意味着什么，对于一个爱国的人来说，又有着何等重大的意义；也更深刻地体会到李清照内心的那份不为人说的苦楚。有时候，我甚至想，如果没有后面的这些颠沛流离，凄苦孤独的生活，她是不是还能写出那么动人心魄的诗词来。

在那风雨飘摇的动荡岁月，一个男人都难以承受的沉甸甸的担子，压在了这个亡国丧夫、心力交瘁的弱女子身上，是何等沉重。

费尽千辛万苦，寻遍了大江南北，李清照终于在建炎四年四月，将见证她和赵明诚爱情的文物进献给了朝廷。也许，我们应该为她鼓掌欢呼。但是，这些文物交到了朝廷上，是不是就能保证安全无恙了呢？

在这个兵荒马乱的年代，虽说时局已经慢慢平稳下来，虽说李清照写了一封为自己和丈夫辩白的书信，与那批文物一起委托人寄到了剡州，交给了朝廷。这样一个行动，应该可以证明她和赵明诚的清白了。

可是，这回她又做错了，她做梦也没有想到，这批文物寄到了剡州，剡州刚好爆发了叛乱，官军在平叛的过程中，把文物弄丢了。后来听说，文物被一个姓李的将军，悉数纳入囊中。但是纳入囊中以后，姓李的将军不久也死了，文物随着李将军的死，也如石沉大海般，没有消息了。

金石文物的命运，跟李清照的命运一样曲折悲惨。原本想好好待在青州的，没想到战火蔓延到了青州，不得不考虑转移位置。还没来得及转移呢，一把火就把它们销毁了；剩下的一部分金石文物，想运到洪州去，赵明诚的妹夫又离开了洪州，文物又被毁了。如今，所剩不多的文物已经交给朝廷的相关主管部门了，居然又丢失了。

这一连串的遭遇和打击，令李清照欲哭无泪，苦不堪言。她整天都在琢磨着如何把她和赵明诚的金石文物珍藏好，把他们的梦想守护好，但是，却一次次被破坏。命运，似乎专门逗弄她，总是跟她开玩笑。

李清照在《＜金石录＞后序》里，再次沉痛地写道："所谓岿然独存者，无虑十去五六矣。"

这些可以见证李清照和赵明诚爱情和婚姻的文物接二连三地丢失，岿然所存的，大概只剩下一半了。

"今年海角天涯，萧萧两鬓生华。"一年多的逃亡生活，使李清照饱尝战乱流离之苦。在一次次的打击之后，她的心情很不平静，写下《清平乐·年年雪里》，来慨叹独自一人逃亡，流落他乡的苦闷心情，这首词寄寓了她内心很多的难言之苦。

清平乐·年年雪里

年年雪里，常插梅花醉。挼尽梅花无好意，赢得满衣清泪。

今年海角天涯，萧萧两鬓生华。看取晚来风势，故应难看梅花。

忆往昔，雪花飘舞的时候，李清照都会跟赵明诚一起去饮酒赏梅。那时候的梅花开得很漂亮，赵明诚总会折下一枝梅花，插在李清照的云鬓间。然后带几枝回家，插在瓶子里，任凭暗香在屋里弥漫。她总会沉醉在插梅花的兴致中。

或许，是梅花的香味令她陶醉，也是爱情的芬芳让她陶醉，更是幸福的感觉让她陶醉。与相爱的人一起踏雪寻梅，折梅插鬓，这是一件多么快乐的事情。

可是，后来，花还是昔日的花，人却不是那时的人了。随着国破家亡，沦落天涯，饱经沧桑的痛苦接二连三地到来，孤单的李清照虽然折梅在手，却再也没有好的心情去观赏了。只是漫不经心地揉搓着手中的梅花，看着那些柔弱无力的花瓣随着风儿慢慢飘落，飘落到她的衣襟上，就像止不住的眼泪飘落在她的衣襟上一样。

或许，梅花象征的就是李清照和赵明诚的爱情，那是李清照最美好的一段回忆。如今，赵明诚走了，再也没有人可以折一枝梅花插在她的云鬓中，赏梅的美好心情和幸福感觉也随着赵明诚一起消失不见了。她深深地怀念那段时光，却再也找不回那美好的日子了。

如今，又到梅花开放的时候，李清照却一个人住在很偏远的地方，她耳际短而稀的头发也已斑白。看着那晚来的风吹着开放的梅花，大概也难见它的绚烂了。

西风无情，摧残的不仅仅是梅花，也是一个人对未来美好的向往。李清照早年的欢乐，中年的幽怨，晚年的沦落，一生的喜怒哀乐，都糅合在诗词里。

《＜金石录＞后序》中，李清照总结她一生的遭遇说："余自少陆机作赋之二年，至过遽瑗知非之两岁，三十四年之间，忧患得失何其多也。"

原本她有个幸福的家，夫妻志同道合，生活美满幸福。但是，时常发生的短暂离别使她尝尽离愁别苦。在婚后六七年的时间里，李赵两家相继罹祸，紧接着就开始了长期的"屏居乡里"的生活。生活的坎坷使她屡处忧患，饱尝人世的艰辛。后来，漂泊天涯，远离故土，年华飞逝，两鬓斑白，孤独终老。这一生可真是酸甜苦辣，味味尝透了。

李清照把自己的命运、国家的命运与梅花的命运都连接在一起，写梅花，写自己，也写国家。此时的南宋形势甚恶，极不安定，纵有梅花，难以赏玩。抚今而追昔、怜花而自伤的痛楚心境，无人能比。但无论命运如何坎坷，生活如何艰辛，她依然是坚强的，像梅花那样不惧风霜，保持自我本色，凛然于风雪交加的时代里。

我想，李清照就是一枝斗雪的红梅，不折不挠，永远灿烂地盛开在南宋山河破碎的冰天雪地里。

废墟新城，轰然倒塌

真爱已远走，半生情缘以悲剧收场，相思已惘然。梦依依，情依依，沉痛了一生的记忆。

在生命的冬天，一颗寒冷的心，只能靠文字取暖。思念，凝成霜，冰冻了每一个季节。站在岁月的长廊，回望那些或深或浅的脚印，一些被搁浅的记忆，像烽火硝烟一样弥漫了整个心房。曾经的芳菲灿烂，化作心里永远的风景，收藏于某个角落，成为最美的故事。

生命中，总有很多的遇见。有时候，一段情缘走了，另一段情缘来了。是福是祸，是悲是喜，是良缘还是孽缘，或许该看各人的命运和造化。

遭遇国破家亡和丧夫之痛的李清照，一路奔波辗转，心力交瘁，居无定所，已经四十五岁的她，无依无靠，身边还带着令很多人垂涎三尺的文物宝贝。她投靠过弟弟李迒，但却不能总是依靠弟弟来照顾自己。未来该何去何从，有些迷惘，有些惶然。当她彷徨无助、孤苦无依的时候，在杭州遇见了右承奉郎、监诸军审计司——张汝舟。

李清照与张汝舟的相遇，是命运跟她开的又一次玩笑。在她饱尝战乱之苦，满怀沧桑，重病之际，张汝舟出现在她身边，用各种方式讨好她、照顾她，让她本已冰冻的心渐渐温暖起来，以为这是人生中的另一次真爱来临。

一首《山花子·病起萧萧两鬓华》，可让我们体味李清照病重时的心情：

山花子·病起萧萧两鬓华

病起萧萧两鬓华，卧看残月上窗纱。豆蔻连梢煎熟水，莫分茶。

枕上诗书闲处好，门前风景雨来佳，终日向人多酝藉，木犀花。

大病初愈的李清照，终于可以起身了，但是浑身无力的感觉，令她不得不又卧回床上。一轮残月爬上了窗纱，此时的她，已两鬓斑白，容颜衰老。无依无靠的她，顾影自怜，想起那些流离失所，寄人篱下的日子，不堪回首。

病重时，唯一能给自己慰藉的是枕边的那些书，以前，她喜欢读书，只是闲来时读书作词，或者，跟赵明诚一起读。两个人谈诗论道，不亦乐乎。如今，读书却成了她的精神寄托。看着窗外的雨后情景，往昔的欢乐又莫名地浮上心头，只是，那些快乐的时光已经逝去，就如同赵明诚那般，再也无法寻回。一丝一缕的思念，化作一丝一缕的白发，慢慢地爬上她的双鬓。

对于一个身患重病、备感孤独的人来说，忽然而来的一句问候，一次看望，丝丝关怀，都可以让处于阴暗潮湿角落里的心灵感受到温暖。

她在给翰林学士綦崇礼写的感谢信《投内翰綦公崇礼启》中，详细地说出了自己与张汝舟相遇的过程。

张汝舟最初是主动地接近李清照，而李清照接受张汝舟却有三个原因：

第一，国破家亡的她正是身心疲惫的时候，特别需要一个家庭，需要一个可以依靠的肩膀，与自己一起保护所剩无几的文物。

第二，她刚刚从逃亡的生活中稳定下来，在精神上感到很痛苦，内心非常孤独的时候，也正是一个人在感情上最脆弱的时候，这个时候张汝舟进入她的生活，给予她一些精神上的慰藉甚至呵护，这正是她特别渴望的。

第三，虽然张汝舟官做得不大，政绩也不是特别突出，但是非常会表演，他的表演才华很突出，在他刚刚接触她的时候，嘘寒问暖，花言巧语，用尽心思。他派来的媒人手里拿着求婚的文书，也是巧舌如簧，让她觉得嫁给他一定可以得到一个幸福、美满、温暖的家。

但是，李清照万万没有想到，她居然看错人了。张汝舟是她生命中的第二春没错，但这却不是个百花盛开的春天，他带给她的不是阳光灿烂，而是阴雨绵绵。这一嫁使李清照又陷入后半生的磨难。

张汝舟虽然是进士出身，但浑身上下嗅不到一丝文化味道。他满身铜臭味，粗俗不堪。刚开始的时候，张汝舟对李清照还是照顾有加。正式结婚后，两个人都发现对方不是自己想要的人。张汝舟的浅薄、暴虐、野心和恶俗本性，在李清照面前暴露无遗，让她后悔莫及，欲哭无泪。原来他是觊觎李清照所搜集的金石文物，想霸占这些财产。

李清照视这些文物如自己的生命一样宝贵，而且《金石录》还未编辑整理，是不可能拱手让给他的。刚开始，李清照还对他存有一丝幻想，希望自己的忍气吞声能维持家庭的和睦，可是，张汝舟发现李清照收藏的那些古文物并没有自己想象中那么多，而且任凭自己如何软硬兼施，哄骗欺诈，李清照都不愿意把古文物交给他。他因为自己不能支配李清照的行为而恼羞成怒，开始对她大打出手，甚至想将她打死。

李清照是个很刚烈的女子，她把人格看得比生命还珍贵，当她看穿了张汝舟的真面目之后，便决定与他分手。

有人说："原配夫妻是同一套碗筷碟勺，看着配套，用着舒服；半路夫妻是两套摔剩下的碗筷碟勺勉强拼凑成一套，虽然也是一样使用，但难免有不配套的尴尬。"

事实也是，再婚的夫妻，即使生活谈不上不幸福，但两人中间也总是隔了层膜，很难完全融合到一起，尤其是像李清照和张汝舟这样志不同道不合的再婚者。记得有人曾说："再婚，就像是在废墟上重建一座新房子。离婚，又像是把刚建成的房子全部推倒。"

在我们现在生活的年代,对于很多人来说,婚变是痛苦的,一次婚变会影响一个人一辈子的幸福。很多人都希望自己的婚姻美满幸福,与伴侣携手到老。但总有一些人会在结婚、离婚和再婚中,咀嚼无奈和苦涩的人生滋味。更别说是在古代那种封建社会,一个无依无靠的弱女子想离婚,谈何容易。

我曾看过一篇文章,里面有一句话这么说:"第一次婚姻是一座迷宫,再婚是一座玻璃城。"玻璃城看起来美丽,却经不起时间和外力的考验,容易破碎。李清照的这座玻璃城,仅仅维持了三个月,里面弥漫着无声无色却令人痛苦的硝烟,终于不堪一击,美丽的玻璃外壳,被残酷的现实击破,碎了一地。

我们可以想象,在那个时代,李清照不愿意被困在那样的玻璃城里受尽折磨,想要离婚,肯定会受到很多阻力和障碍,而这些阻力和障碍,肯定不是一般人可以跨过的。

李清照对再婚这件事情很后悔,在给綦崇礼的信《投内翰綦公崇礼启》里说:"视听才分,实难共处,忍以桑榆之晚节,配兹驵侩之下才……身既怀臭之可嫌,惟求脱去,彼素抱璧之将往,决欲杀之。"

跟一个志不同道不合的人在一起,确实是一件痛苦的事情,更何况对方如此浅薄无耻。可是在宋代,离婚权掌握在丈夫的手中。我们都知道,古时候只有丈夫一纸休书把妻子休掉,没有说妻子一纸休书把丈夫休掉的。张汝舟不愿意离婚,李清照便无法按正常途径办手续。

但李清照毕竟是一个聪慧、刚毅、顽强、独立的高智商女子,她想要做的事情,肯定会动脑筋去思考,并想方设法做成。既然不能按正常途径离婚,她便决定告发他。聪明的她得知张汝舟早前科举考试作弊过关这件大逆不道的事,便想办法获得张汝舟利用欺瞒手段获取官职的证据,并检举上告。

按宋律,妻子控告丈夫,即使证据确凿,妻子也要入狱两年,为了摆脱张汝舟,李清照宁愿忍受牢狱之灾,也不愿苟且忍辱。这件事情惊动了宋高宗,宋高宗委托司法机关、监察机关专门调查此案。查实之后，张汝舟被撤除官职，发配到广西柳州。李清照也入了狱。所幸李清照名声大，再加上朝中有友人的帮助，只坐了九天牢便释放了。

昨天的一切，已经被时间的手轻轻抹掉，被世俗禁锢的灵魂，终于被释放。一个从牢笼中解脱的灵魂，重新飘荡在自由的世界中。

佛说："放下，才能得到解脱。"人活一世不容易，一路走来，要背负很多东西，面对红尘滚滚，金钱、名利、情感等各种纠葛，各种包袱，压得人透不过气来。很多人会因此而心力交瘁，迷惘烦躁。只有懂得放弃一些东西，放下一些包袱，才有精力走下一段路程。因为有些事情，只有放下，才能拥有海阔天空。

李清照是信佛的，都说佛能普度众生，她也是众生之一，为何却总是在患得患失中经历大喜大悲？有时候，我会觉得不解，为何佛不度一个这样虔诚的弟子，让她解脱。后来看了些佛书，方明白："佛度众生，要讲究一个缘字，每个世人都要接受考验和磨难才能修得正果。若不经一事，便不能悟，若不悟，自然也就不能解脱。佛本来自人间，初为世人，之所以修炼成佛，皆因历尽苦难后的大彻大悟。"

我想，李清照是懂得这个禅机的。因为她是个居士，是个虔诚的佛家弟子。关键时刻，她放下了，不管未来如何，不管外界怎么评说。该放下的，还是放下了。经历了这次苦难，或许，她也大彻大悟了吧。

闲言碎语，叨扰清梦

依稀记得小时候，我常常背诵唐代诗人孟浩然的《春晓》："春眠不觉晓，处处闻啼鸟。夜来风雨声，花落知多少？"

后来又读到唐代诗人韩偓的《懒起》："昨夜三更雨，临明一阵寒。海棠花在否？倒卧卷帘看。"

再后来，读到李清照的《好事近·风定落花深》，方知爱花怜花之人，是特别关注风雨过后的花儿境况的。

与其他诗人不一样的是，李清照的诗词，总能预知花儿备受风雨摧残之后的下场。不管是她早期写的《如梦令》，还是晚期写的《好事近·风定落花深》。

好事近·风定落花深

风定落花深，帘外拥红堆雪。长记海棠开后，正伤春时节。

酒阑歌罢玉尊空，青缸暗明灭。魂梦不堪幽怨，更一声啼鴂。

关闭已久的心扉，似乎被暮春的风吹开了。风停的时候，零落的花瓣，洒满庭院。帘外，那雪花也已成堆，雪花上铺满了层层红蕊，那年绿肥红瘦的记忆，又似乎回到自己眼前。那些往事也紧随而来。

海棠花开过之后，已是春末，正是伤春的时节。歌声停了，玉质酒杯已经空了，酒兴已尽。唯有忽明忽暗的油灯在跳跃，在那逐渐熄灭的豆荧之光中，似乎又看到以前爱人温暖的目光。

一个闺中孤独的妇人，置身在这个幽暗、空冷、凄清的场景中，心情无比凄怆，原本想在梦中得到一丝慰藉，然而梦中的情景，也是那般幽怨哀愁。醒来之时，听到窗外凄厉的"啼鹈"声，那鹧鸪之鸣，如此悲切，更牵动了她无数的客愁。

唐代李涉在《鹧鸪词》中说："惟有鹧鸪啼，独伤行客心。"

屈原在《楚辞·离骚》中说："恐鹈鴂之先鸣兮，使夫百草为之不芳。"

张咏在《闻鹧鸪》中说："画中曾见曲中闻，不是伤情即断魂。北客南来心未稳，数声相应过前村。"

鹧鸪的悲伤，跌入墨砚，沾染笔尖，化作一句一句的忧伤，成了李清照又一首凄美的词章。

有人说李清照是禅门的一朵莲花，出淤泥而不染。有人说，她是迎霜斗雪的梅花，也有人说她是高雅傲霜的菊花，还有人说，她应属海棠花，因为在诸多花中，她对海棠情有独钟。

每个人品读她的诗词，都有不同的见解和看法。我想，不管她是莲花也好，梅花也好，还是菊花抑或海棠花也好，都离不开优雅、洁净和坚强这些字眼。

李清照从经历了国破家亡，流离失所，颠沛流离，到再嫁、离婚，人生中那么多的风风雨雨之后，她这朵花又是什么样的境况呢？

当她看清楚了张汝舟的真面目之后，不惜冒着入狱的危险也要离婚的决心，在那样一个封建社会，没有一颗坚强的心，是无法做到的。

毕竟，她是出身名门的大才女，以前的夫家和娘家都是社会名流，自己与前夫珠联璧合，享誉当世，在丈夫死后的晚年，却出现了再嫁又离婚的是非，难免招惹别人的闲言碎语。面对各式各样的闲话，是需要很大的勇气的。

据《百家讲坛》里康震老师的讲述，当时有一些比较著名的文人，在他们的著作里提到李清照离婚这件事的时候，充满了讥笑和嘲讽。

有一位叫作胡仔的说："易安再适张汝舟，未几反目，有启事与綦处厚云：猥以桑榆之晚景，配兹驵侩之下材。传者无不笑之。"

意思是说李清照跟张汝舟结婚，没过多久两人就翻脸了，她在给綦崇礼的信里还说，真可惜我这清清白白之身，嫁给这么一个肮脏的市侩。听到这话的人都忍不住笑话她。

还有一位叫王灼的，在《碧鸡漫志》中说："赵死，再嫁某氏，讼而离之，晚节流荡无归。"

意思是说赵明诚死了之后她又嫁人了，不但嫁了人，而且又告她现任的丈夫，告了后还马上离了婚，晚节不保。

这些流言蜚语，就如同一支支冷酷无情的针，扎进李清照灵魂的最深处，那种痛苦是很难忍受的。其实，李清照很清楚自己的离婚事件肯定会影响自己的名声。

她在给綦崇礼的信里说她对这件事情觉得很羞愧，她知道自己肯定逃脱不了别人对自己的讥讽，即便是后代人，也肯定看不惯她的做法。甚至她还觉得自己的名声因此而败坏了，没脸再见朋友们。

人世间的流言蜚语和闲言碎语，就像一把把尖锐的刀，深深地在李清照的心中剜开一个伤口，心痛的感觉，只有她自己最明白。

这世上，很多人都会在某个时期感受到这种被流言蜚语或者闲言碎语所伤的感觉。

记得我一个要好的朋友，在人生最低落的时期，面对周围的闲言碎语和流言蜚语时曾说过这么一句话："人在江湖飘，哪能不挨刀。"

那时候觉得他这句话挺幽默的，还以为是他个人的深刻领悟。后来，在很多文章里都看到这句话，才知道，原来，很多人都有过这种感觉。

是的，既然生活在人群里，或多或少都会有人在背后评论自己，正所谓："谁人人后不说人，谁人人前无人说。"

大千世界，芸芸众生，总会有一些人跟自己很要好，也会有一些人跟自己谈不来。一个人不可能看所有的人都顺眼，更不可能跟所有的人都成为知心朋友。对某些人或者某些事情，我们多多少少都会有一些自己的见解，所以会有意无意地在背后讨论别人；而一个人，不论多么努力，做得多么好，也不可能得到所有人的认同，所以，别人也会有说自己是非的时候！

于是，"闲言碎语""流言蜚语"这两个词便诞生了。

无论是嘲笑也好，批评也好，责骂也好，那些闲言碎语就像一把把软刀子，一不小心就会刺伤人心，毁坏人的名誉，令人心累不已。

我想，如何对待身边的闲言碎语和流言蜚语，关键在于每个人的智慧和肚量。有人可以对这些闲言碎语置之不理，洒脱一笑，让闲话随风而来，随风而走；有人会为之辩解、理论，甚至争吵，乃至大打出手，伤人伤己；有人则选择沉默不语，暗自伤神、难堪、痛苦，甚至是一辈子都走不出这个阴影，最后郁郁而终。

其实，一个人活在这个世界上，只要踏踏实实做好自己该做的事情，实现自己的人生价值就好，不必为了求得所有人的认同和拥护，而委屈自己去迎合别人的喜乐。如果过于注重别人的态度和说辞，将自己的得失建立在别人的言行上，每天患得患失，日子肯定过得很没意思。

或许，很多人都知道，流言止于智者。古人语："智不足，量不大。"面对闲言碎语和流言蜚语，能够淡然一笑，宽容而坦然面对的，才是一个胸怀广大的智者。

自古以来，很多伟人和智者都不会让自己受到闲言碎语的叨扰，他们的心灵平静淡泊，超然物外，迎着某些人的闲言碎语和流言蜚语，认真做好自己该做的事情，最终登上了实现梦想的殿堂。

我很喜欢这样的一段对话：

寒山问拾得：世间有人谤我，欺我，辱我，笑我，轻我，贱我，我当如何处之？

拾得曰：只要忍他，让他，由他，避他，不要理他，再过几年，你且看他。

这是一段佛家禅语，它告诉我们，一个人生活在一个纷繁嘈杂的社会里，总避免不了一些竞争，也许你并不想招惹别人，但别人却会来招惹你。有时候，面对着某些人的无理取闹时，我们只要问心无愧，便可泰然处之。抱怨太多，反而会叨扰身边亲近的人的清梦；报复对方，除了让自己也变得跟对方一样庸俗，还会让小小的矛盾变成大仇恨。

我也很喜欢这样一个故事：

一个年轻人千里迢迢找到燃灯寺的释济大师说："我只是读书耕作，从来不传不闻流言蜚语，不招惹是非，但不知为什么，总是有人用恶言诽谤我，用飞语诋毁我。如今，我实在有些经受不住了，想遁入空门削发为僧以避红尘，请大师您千万收留我！"

释济大师静静听他说完，微微一笑说："施主何必心急，同老衲到院中捡一片净叶，你就可知自己的未来了。"

释济大师带年轻人走到禅寺中殿旁一条穿寺而过的小溪边，顺手从菩提树上摘下一枚菩提叶，又吩咐一个小和尚说："去取一桶一瓢来。"

小和尚很快就拿来了一个木桶和一个葫芦瓢交给释济大师。大师手拈树叶对年轻人说："施主不惹是非，远离红尘，就像我手中的这枚净叶。"

说着将那一枚叶子丢进桶中，又指着那桶说："可如今施主惨遭诽谤、诋毁，深陷尘世苦井，是否就如这枚净叶深陷桶底呢？"

年轻人叹口气，点点头说："我就是桶底的这枚树叶呀。"

释济大师将水桶放到溪边的一块岩石上，弯腰从溪里舀起一瓢水说："这是对施主的一句诽谤，企图打沉你。"说着就哗的一声将那瓢水兜头浇到桶中的树叶上，树叶在桶中激烈地荡了又荡，然后便漂在了水面上。

释济大师又弯腰舀起一瓢水说："这是庸人对你的一句恶语诽谤，还是企图要打沉你，但施主请看这又会怎样呢？"说着又倒下一瓢水兜头浇到桶中的树叶上，但树叶晃了晃，还是漂在了桶中的水面上。

年轻人看了看桶里的水，又看了看水面上浮着的那枚树叶说："叶秋毫无损，只是桶里的水深了，而树叶随水位离桶口越来越近了。"

释济大师听了，微笑着点点头，又舀起一瓢瓢的水浇到树叶上，说："流言是无法击沉一枚净叶的，净叶抖掉了浇在它身上的一句句飞语、一句句诽谤，不仅不会沉入水底，反而随着诽谤和飞语的增多而使自己渐渐漂升，一步一步远离渊底了。"

释济大师边说边往桶中倒水，桶里的水不知不觉就满了，那枚菩提叶也终于浮到了桶面上，翠绿的叶子像一叶小舟，在水面上轻轻地荡漾着、晃动着。

释济大师望着树叶感叹说："再有一些飞语和诽谤就更妙了。"

年轻人听了，不解地望着释济大师说："大师为何如此说呢？"

释济大师笑了笑，又舀起两瓢水浇到桶中的树叶上，桶水四溢，把那枚叶也溢了出来，漂到桶下的溪流里，树叶就随着溪水悠悠地漂走了。

释济大师说："这么多的流言蜚语终于帮这枚净叶跳出了陷阱，并让这枚树叶漂向远方的大河、大江、大海，使它拥有了更广阔的世界。"

年轻人蓦然明白了，高兴地对释济大师说："大师，我明白了，一枚净叶是永远不会沉入水底的，流言蜚语、诽谤和诋毁，只能把纯净的心灵淘洗得更加纯净。"释济大师欣慰地笑了。

净叶之所以不沉，是因为它不畏惧流言蜚语。莲花之所以出淤泥而不染，是因为它不被淤泥所干扰。

或许，李清照就是一枚净叶，她生活在一个男尊女卑的时代里，注定要承受那一瓢瓢水的洗礼，才能走向更广阔的天地。

虽然社会舆论令李清照烦恼不已，但她并没有因此而消沉，甚至在闲言碎语和流言蜚语中选择轻生。她化悲愤为力量，写出了一首首更震撼人心，更为凄美的诗词，成为宋朝的一代词宗。

意大利诗人但丁有句话叫作："走自己的路，让别人去说吧！"

是的，只要活出自信和自由，活出自己的风采和风格，别人爱说什么就让别人去说吧。

有些流言蜚语和闲言碎语，总会在不知不觉中产生，就如我们迎着太阳的方向走的时候，身后总会有个阴影紧跟着不放。其实，我们大可不必回头，也不必因为它而伤透脑筋，因为一时半会，它不会因你的躲避而不存在。

当你继续向前走，你会发现，走着走着，那片阴影会自然而然地消失，它不会永远跟着你。一如千年以后，那些抨击、嘲笑、讽刺、批评和指责李清照的人，都成了历史的过眼云烟，不知道消失到哪儿去了。而那些闲言碎语和流言蜚语也随着她的诗词，穿越了时空的长河，变成古老而美丽的传说。

贞节牌坊,源远流长

唐代黄蘖禅师的《上堂开示颂》里有句话叫作:"不经一番寒彻骨,怎得梅花扑鼻香。"

宋代范成大的《梅谱·前序》中说:"梅,天下之尤物,无问智愚贤不肖,莫敢有异议。"

元代王冕的《白梅》中说:"冰雪林中著此身,不同桃李混芳尘。"

梅花色泽美艳,傲雪迎霜、凌寒独放的性格,一直都是人们所称颂的。只是,它虽不像别的花那么畏惧霜雪,但毕竟娇弱,难以经受寒风冷雨的摧残。李清照写过很多关于梅花的词,一首《满庭芳·小阁藏春》,写出了梅的另一种风采。

满庭芳·小阁藏春

小阁藏春,闲窗锁昼,画堂无限深幽。篆香烧尽,日影下帘钩。手种江梅渐好,又何必、临水登楼。无人到,寂寥浑似,何逊在扬州。

从来知韵胜,难堪雨藉,不耐风揉。更谁家横笛,吹动浓愁。莫恨香消雪减,须信道、扫迹情留。难言处,良宵淡月,疏影尚风流。

这首词历来被认为是李清照的早年之作。但通过与早年的咏梅词及一些可确定为晚年作品的对读，并通过对词中两处用典的分析，可得出该词当为李清照南渡后，甚至为流离失所的晚年之作。词人咏残梅以自比，是她当时生活、感情的真实写照，并充分显示了她孤高清傲，不同流俗的性格特征。

这扇关闭了很久的窗户，很久都没有打开了；这个关闭了很久的心门，也很久没有打开了。美好的春光和充满生气的白昼，都被藏锁在这狭小而闲静的屋子里。闺阁里寂寞无聊，很久都没有听到欢声笑语了。

心，如此孤独。灵魂，写满思念，梦里，依然魂牵那个离去之人。这种国破家亡，流离失所，孤独无依的忧伤心情，或许只有明清易代之际的女诗人柳如是可以体会吧。捡拾可以编织情感的只字片语，慢慢织成一首可以抒情的诗词，让那些往昔的回忆，在字里行间复活。

篆香烧尽了，日影移上帘箔，不知不觉间，黄昏将近。烧不尽的，却是思念和离愁。那些潮湿的眼泪，埋在纸笺，那些如花的往事，在寂静的心田，默默绽放。内心的苍凉，该用什么东西来温暖？

自己种的江梅渐已长好，不必再临水登楼赏玩风月而荒废时光了。闪烁的泪光，落在衣襟上，溅起朵朵忧伤，那手把青梅嗅的时光，已经流逝了，记忆中的那些人和那些事，在风中隐约地浮现，恍如隔世的光泽。再也没有人来找她谈话聊天，如今在这样的寂寥环境里独自面对梅花，就好像当年何逊在扬州对花彷徨一样。都是爱花之人，都是身处落寞中，或许，自己独对梅花的苦闷心情，何逊是最能理解的。

梅花虽不像别的花那么畏惧霜雪，但毕竟是花，仍然有着娇弱的特性，难以经受寒风冷雨的摧残。这是花的命运。易安虽有忧国忧民之心，却无挽救国家之力，虽有深深的思念缠绕心头，却无力唤回远去的檀郎。只能背井离乡，孤独漂泊，这是她的命运。

不知道谁又吹起横笛曲《梅花落》，吹动了心头的愁绪。暗香消失，落花似雪，或许应该怨恨那无情的风雨，但是，又何必去怨恨呢？虽然梅花踪迹难寻，但它的情意可以长留啊。

　　词人很难说出自己的家世与遭遇，多想有一个美好的夜晚，在淡淡的月光中，投下梅枝横斜优美的影子，从这影子里还能显示出梅花的俊俏风流。也许，明年它又会重开，并带来春的信息。

　　虽然命运给了李清照那么多的磨难，虽然人世间的流言蜚语和闲言碎语如刀子般锋利无情，虽然有一段时间，她不得不紧紧关闭心门和房门，用自己的方式去抵挡外界的风风雨雨，但她并没有因此而一蹶不振，她的心里依然藏着梦想和希望。一如那被风雨无情摧毁的残梅，并坚信，来年，那些梅花依然会再次盛开。

　　李清照的再嫁和离婚，在当时士大夫的圈子里，引起了轰动，因为她是靠状告她的丈夫来取得离婚的资格。再加上她的名气大，离婚事件更是引人注目。或许，这正应了明代小说家吴承恩在《西游记》中的那句话："树大招风风撼树，人为名高名丧人。"

　　除了写给綦崇礼的这封信之外，李清照并没有留下其他诗文来写这件再嫁离婚的事情。或许，这件事情在她心里留下的伤痕很大，她实在不愿意再提起。或许，在宋朝，在任何人眼里，一个女子孀居再嫁就是一个不可饶恕的罪过。

　　据说，宋代有个名气很大的理学家，叫程颐。有人问程颐："寡妇如果特别穷困，能不能再嫁？"

　　程颐给出了一个流传千古的回答："饿死事极小，失节事极大。"

　　后人把这句话精简成为"饿死事小，失节事大"。

　　司马光在《家范》中也说过一句话，叫作"贞女不事二夫"。意思是说很贞节的女子是不会嫁两个丈夫的。如果丈夫死了，妻子要么陪葬，要么一直守节到死。从古至今，从南到北，这世上有很多贞节牌坊，就是为那些贞女树立的，为的就是颂扬这种贞节的观念。

贞节的观念和儒家的伦理道德观念一直到现在，对中国人的婚姻家庭观念影响都很大。理学家们所倡导的这种婚姻理念，是理论上的主流观点。但是在世俗社会具体的生活当中，却不能完全按照理论去实行。

虽然程颐当时说饿死事小，失节事大。但程颐的父亲程珦，不但赞同自己的外甥女再嫁，而且还亲自为外甥女的再嫁操办。后来程颐在为他父亲写的传里，居然对父亲这种行为大加赞扬。另外，程颐对自己的侄媳妇改嫁一事也是默许的。可见，他并不是完全否定寡妇再嫁这种事情。

其实，有时候想想，在古代，那个"女子无才便是德"的社会，很多女子都不能出去工作，只能依靠丈夫养活。一旦丈夫离开了，她们根本就无法生存。生活情势所逼，她们不得不重新组建一个家庭。

而且，从程颐身边的亲人再婚的事情来看，从法律的角度来看，自宋代开始，宋律已经有条件地允许妇女"休夫"，如"夫外出三年不归者，妻可出……"这条宋律与后来的婚姻法类似：分居两年，宣告失踪、死亡，都可以到法院起诉离婚。

可见，在宋代的世俗社会里，人们对寡妇再嫁这种现象本身还是比较宽容的。李清照的再嫁之所以要遭受这么多的非议，就是因为她的名气太大了。更何况她再嫁才过了三个多月，就离婚了，还是以举报丈夫，让丈夫被撤职，锒铛入狱的方式离的婚，难免会掀起轩然大波。

据说，李清照的离婚事件引发的那么多舆论里，并非完全是针对她、指责她、讽刺她、嘲笑她的。当时，也有很多人想帮她辩护，只是，帮她做辩护的人并不是说她再嫁告丈夫，从而离婚这件事情是正确的，而是说压根儿就没有发生过这回事儿。

群众的眼睛是雪亮的，明明存在的事情，连李清照本人都不否认，却被人说成是一个谣言，这根本就没有任何说服力。

说到底，他们和那些批评李清照的人一样，都是站在传统道德观念的立场上。他们并不赞同李清照再嫁，更不赞成李清照离婚，所以想方设法要把李清照拉回到他们的儒家传统道德规范的轨道里来，希望维持李清照一代才女，道德高尚，有着美满婚姻的美好形象。他们的这些说法和做法，非但不能帮助李清照，反而增添了更多的说辞。

封建社会上层阶级心目中的贞节观念实在太强了，强得无法容忍一个千古才女的另一次婚姻，更无法容忍这婚姻的短暂和破碎。

在中国封建社会，一座牌坊，就是一个女人的贞节。一个女人，守住了一生的贞洁，便守住了一世的好口碑。

贞节牌坊，源远流长，有谁知道，牌坊上面刻着多少的生离死别？记录古时候多少女人的伤悲？

我曾看过一部伦理剧，叫作《牌坊下的女人》。剧里讲述了民国时期青河镇佟、季两个封建大家庭中六个女人与命运顽强抗争的故事，那妯娌之间、姑嫂之间、主仆之间错综复杂的关系、为情为利的争斗，还有那一幕幕动人的悲欢离合，令人唏嘘不已。

电视屏幕中，那一座座看起来庄严、高大、肃穆的贞洁牌坊背后，隐藏着很多血泪交织的凄惨人生，雕刻着封建社会人性扭曲和制度扭曲的光影。

有时候我在想，如果李清照当年没有再嫁给张汝舟，我们现在是不是也可以看到一处属于她的贞节牌坊？有了这块贞节牌坊，人们是不是就不会对她指手画脚，她的生活是不是会因此而好过起来？她的命运会不会因此被改写？她是否还能写出像《声声慢·寻寻觅觅》那样感人肺腑的词章来呢？

面对那些诽谤、嘲笑和抨击，李清照的心情肯定是糟糕透顶的。但是，如果要她面对那段丑陋的婚姻，为了面子而委屈求全的话，她的心情会更难受，往后的日子也会更糟糕。

所以，在面子和尊严的选择中，她表现出了果断的判断力。冲破一切束缚，想方设法，坚决与这个丑恶的婚姻决裂。

封建社会的传统伦理道德规范，如同一个牢笼，很多人被禁锢并窒息于这个牢笼中。李清照想冲破这个牢笼，势必会被当时很多守护牢笼的士大夫所嘲笑。在当时，很多士大夫看不惯李清照那种特立独行，标新立异，我行我素，爱憎分明，敢作敢当的说话和做事方式。在他们眼里，女子无才便是德，温柔贤惠、低眉顺眼、守妇道才是好女子。显然，李清照跟传统道德里对于女性的要求是有一定差距的。她对时政的不平，锋芒过露，以及批评文学作品的水平太高，得罪了不少人。

再加上李清照前半生的婚姻生活跟赵明诚是美满幸福的，他们就像童话里的公主和王子一样，集合了天下人对美满婚姻的想象。可是后半生的婚姻生活，却是天下人都不想遇到的最糟糕的一种。如果她是个平凡人，也许不会成为众矢之的。偏偏她是中国古代女性中最优秀的一个，一举一动都能引起世人的关注。

李清照那一段失败的婚姻被放大了，再加上当时宋高宗的介入，所以抨击她的人其实是把她当成一个目标，来反衬自己是守护传统伦理道德规范的高尚人士。

李清照离婚之后，无依无靠，既没有稳定的经济来源，又不能依靠所剩无几的文物度日。她不得不再次回到她弟弟李远的家中。或许，赵明诚在去世以后给她留了一笔遗产，但是一个人生活得幸福不幸福，不是靠一笔两笔钱财就能支撑起的。

真爱已远走，仅剩追忆。孽缘已决断，不再回头。

想想如今，婚前被甜言蜜语蒙蔽，婚后忍受着痛苦的怨妇实在不少，但多数不会像李清照这般为自己的权利和自由而奋起反抗。

我想，命运这个编剧塑造了李清照这样一个既有才情，又处事果决的女子，她才是一个有血有肉，个性独特，超凡脱俗的人。

即使是她的再嫁和离婚引来了很多闲言碎语，但也无损于我们对于李清照美好的印象和对她词作的热爱。一如那一树残梅，虽然被风雨摧残，但依然不改本色。

夕阳西下，人生向晚

时光，将夕阳悄悄挂上天幕，人生已向晚。黄昏下，晚霞中，或许，不需要伸长脖子，就可以看到生命的尽头。

回首，很多美好的事物和事情，就像指缝里的甘泉，清洌甘醇，却无法永远握住。但有一种苦难，却可以丰盈了文字，滋润了诗词，让最美的花开遍人生的各个篇章，芬芳了古今的文阁诗坛。

同一个蓝天下，不同的人有着不同的命运，不同的命运会有不同的晚年生活。幸福的，不幸的，快乐的，痛苦的，儿孙满堂的，孤独终老的……最终都是在夕阳西下中慢慢咀嚼年老的滋味，只是，酸甜苦辣，每个人的体味都不完全一样。但有一点是相同的，那就是人生已经走向终点了。

很多人到年老的时候，脾性、记忆、智商和小孩几乎差不多了。或许，人生向晚，会变得有点闷，会一遍遍地问自己："人这一辈子，活着是要干什么呢？"

李清照的晚年生活很凄苦。不知道她是否也会在夜深人静的时候，扪心自问："我的这辈子，活着是要干什么呢？"

遭遇再嫁婚变的情感打击后，李清照再一次回到了孤独的世界，情感生活的痛苦，忧国忧民的情思，将她推到人生苦海中。迎着风浪，扬帆，独自一人寂寥无助地远航。

赵翼的《题遗山诗》中有："国家不幸诗家幸，赋到沧桑句便工。"纵观历史，从古至今，这世上，很多优秀的作家作品似乎都是在苦难中开花结果的。

每逢王朝更替，国家动荡，那些忠肝义胆的爱国志士，为了大义，洒热血，抛头颅，他们把国家的不幸和个人的不幸糅合在笔下，一笔一画，勾勒出脍炙人口，警醒世人，流传千古的美言佳句。

陆游的"死去元知万事空，但悲不见九州同"；杜甫的"出师未捷身先死，长使英雄泪满襟"；夏明翰的"砍头不要紧，只要主义真。杀了夏明翰，还有后来人"……

同样，在经历了战乱和种种不幸之后，李清照也为世人展示出更优秀的作品。如《武陵春·春晚》，深刻地写出了她晚年的心境。

武陵春·春晚

风住尘香花已尽，日晚倦梳头。物是人非事事休，欲语泪先流。

闻说双溪春尚好，也拟泛轻舟。只恐双溪舴艋舟，载不动、许多愁。

这首《武陵春·春晚》非一般的闺情闺怨词所能比。词句借暮春之景，写出了词人内心深处的苦闷和忧愁。全词一喝三叹，语言优美，意境有言尽而意不尽之美。

狂风扫过，春光荡尽，繁花无存。只余下委地成泥的花瓣在尘土中残留的一脉芳痕。此等情景是如此凄凉，词中人的心情却更凄凉。

太阳已经升起很高了，她却无心梳洗装扮，依然沉浸在无边无际的忧愁和迷惘中，哪里还有兴致梳妆打扮。

风物依稀似当年，只是万般心爱两相断。亲爱的丈夫离她而去了，留下她孤苦一人，流落在战乱中。景还是那个景，物还是那些物，人却不在了。张张嘴好像想要说什么，还没有说出来，眼泪却禁不住掉落下来，滴到自己的衣襟上。

那些欢乐幸福的日子，那些美好的往事，都被无情的风吹走了，只留下无穷无尽的思念和忧愁。生活中最宝贵的东西已经失去，眼前的一切都变了，那种悲痛凄切的心情，谁能懂呢？

如此巨大的重负，压在一个孤独无助的中年女人身上，有点喘不过气来。词中，她并没有说自己多么忧伤，也没有说自己多么愁苦，但是那种忧伤，那种愁苦全部在字里行间展现出来，感染着我们每一个读者。李清照还是很坚强的，她没打算就这么一天一天地，一时一刻地，都坐在梳妆台的前面，度日如年。有机会还是出去走走吧，散散心也好。

听说金华双溪那里的春光尚好，景色宜人，她何尝不想荡舟游玩，一释心中块垒。然而，双溪再好再美，她也只不过是动动念头而已。因为心中郁结了太多太多的忧愁，太多太多的悲苦，纵有千江流水也承托不起，又岂是一只小小的船能载得动的呢？

有人说："人到晚年喜欢回忆。"李清照也一样，她的回忆里有很多美好的时光，家庭幸福，爱情甜美。越是回忆，越是孤独寂寞，越是思念丈夫赵明诚。她把这种深深的思念，寄托在笔下，用诗词记录下她和赵明诚过往的岁月。同时，还继续做着赵明诚和她所进行过的文物的收藏事业，来证明她和赵明诚的爱情一直在延续。

据说，在宋高宗绍兴二十年，公元1150年，已经六十七岁的李清照前后两次去拜访北宋著名的书法家米芾的儿子米友仁，想请小米给她手中所拥有的大米的两幅字帖题跋。那个时候，大家称米芾为大米，称他的儿子米友仁为小米。

在古代，要鉴定一幅书画的真伪有很多种方式，题跋就是其中的一种。比如，小米在大米的字帖上如果题字，说这幅字乃是家父生前所书，乃是真迹等等之类的语言，或者写上一些描述性的文字，那么这个题跋文字，对于鉴定这幅字帖的真伪就有重要的价值。

李清照去拜访小米，目的很明确。这时候的小米已经七十七岁了，当他看到自己父亲的这两幅字帖，非常激动。因为他手上拥有父亲的字画并不多。据说，米芾写字有个习惯，就是来了兴致的时候可以写很多字，可以画很多画。要是没了兴致，一张也不写，一张也不画。他流传下来的作品并不是很多。小米看到这两幅字帖，觉得格外亲切，立刻在这两幅字帖上，郑重地写道：

"先子真迹也。"——《米元章跋》。

然后在后边又以开玩笑的口吻写了两句话："今之数句，可比黄金千两耳，呵呵。"——《米元章跋》。

意思是说他的父亲留下来的字本来就不多，今天这一下两幅字帖，这么多字，怎么也得有上千两黄金的价钱。

米芾的字，在他活着的时候就有很高的价值，《宣和书谱》中说他的字："寸纸数字人争售之，以为珍玩。"就是说，一寸见方的纸，几个字就能卖出很高的价钱，人争着去买，收藏起来，像珍宝一样。

小米不但证明了这字帖是真的，而且还给它估了个价。李清照去找小米，不仅仅是写题跋，而是带着一种文物收藏的目的。更重要的是，这个题跋也浸透着两代人，四个人的情感在其中，一个已经六十七了，一个已经七十七岁了，他们的亲人已经去世多年了，这个题跋不仅仅是一个文物鉴定的行为，而是李清照要用这样一种方式来追忆赵明诚，并继续赵明诚的事业的见证。

李清照在《投翰林学士綦崇礼启》的末段中有一句话："誓当布衣蔬食，温故知新；再见江山，依旧一瓶一钵。"

"瓶""钵"是僧人盛水盛饭的器具，唐代贯休有"一瓶一钵垂垂老，万水千山得得来"的诗句，李清照在信中说，了结官司后，要"布衣蔬食，依旧一瓶一钵"，暗示她此前是像僧人一样吃斋信佛，此后还要如此？

或许，因为信佛，她的清泪中闪着禅光，那一缕清净的禅光，可以洗净凡尘铅华梦。

佛说："人间是最易修行的场所，苦乐参半，佛法易闻。"

李清照的前半生很幸福，有一个很美满的家庭，有一段很美好的婚姻，有一个真命天子；她的后半生却很悲惨，遇到一个无赖，再婚又离婚，面对流言蜚语孤独终老。或许，她今生为人，游历世间，穿梭在红尘烟火中，就是为了一场修行。她不但有满腹的才华，深厚的文学造诣，还有着非常顽强的意志，虽然经历过这么多灾难，却没有被打倒，而是迎着风风雨雨，在磨难中坚强前行，从未放弃过对生活的信念，可称得上是千古一奇女子。

佛说："人有八苦，生苦，老苦，病苦，死苦，怨憎会苦，爱别离苦，求不得苦，五蕴炽盛苦。唯有身心放空，方能人离难，难离身，一切灾殃化为尘。"

李清照的这一生，历经丧夫、无子嗣、国亡、家破、财散、再婚、离婚、孤独终老，坎坎坷坷走过凄楚悲凉的七十二个春秋。她究竟承担了人世间多少的灾难？想必人间八苦已经尝透了吧。这种人生经历，不是一滴眼泪就可以总结的。

佛说："一个人的一生就是一个禅，也是无止尽的劫难。"可是佛没有说，到底人要经历多少劫难才能成佛成仙。他总是慈眉善目，笑而不语。

或许，命运就是这样，他不会因为你的善良和正直而减少你该承受的劫难，该经历的风雨，还是要经历。该跨过多少沟沟坎坎，还是得悉数跨过。李清照活了七十二年，她给我们留下的最宝贵的东西，除了诗词之外，就是面对劫难时的态度。在苦难中活着，在闲言碎语和流言蜚语中坚强，在诽谤中用行动证明自己的清白。

佛说："笑着面对，不去埋怨。悠然，随心，随性，随缘。注定让一生改变的，只在百年后，那一朵花开的时间。"

李清照在挫折和苦难中执着又坚强地寻找自己的人生价值。虽然，她也曾借酒解愁，辗转难眠，眼闪泪光。她也有烦恼和忧愁，但是她的烦恼和忧愁是洒脱的，她敢爱敢恨，拿得起，放得下。她没有任何抱怨和诅咒命运的语言，只把满腹心酸，化作一段段优美的文字，供世人欣赏，从而一步步走向文学的殿堂，摘下词国皇后的桂冠。

佛说："世界上没有一个永远不被毁谤的人，也没有一个永远被赞叹的人。当你话多的时候，别人要批评你，当你话少的时候，别人要批评你，当你沉默的时候，别人还是要批评你。在这个世界上，没有一个不被批评的。"

李清照的再婚和离婚，曾经引来不少流言蜚语。不论是讥讽、嘲笑，还是无力的辩护，都可以感受到当时士大夫阶层对此事的不赞成。一个将近五十岁的妇女，结婚三个月又离婚，别说在九百年前是惊天动地的事情，就算在现代社会，一个著名的演员闪婚闪离，绝对可以登上娱乐头条新闻。面对周围的闲言碎语，她既坚定又坦然。

佛说："一沙一世界，一尘一劫，仿佛我们每一次重逢和离别，如同三生石上刺破手指滴落的血。千里暗香拂过，铭刻着你我的生死契。"

或许，李清照和赵明诚的爱情是早就刻在三生石上的，他们相知相伴二十八个春秋，最后以悲痛欲绝告终，这一年赵明诚不过四十九岁，李清照不过四十六岁。这段婚姻虽无法白头偕老，中间也有些瑕疵，却依然被后人称赞歌咏。

佛说："人间寿命因为短暂，才更显得珍贵。难得来一趟人间，应问是否为人间发挥了自己的良能，而不要一味求长寿。"

国破家亡之际，李清照用她金刚怒目的不平之鸣，奋笔疾书，猛烈抨击当朝懦弱逃窜者，展现了一代女词人卓然不群的政治见识。在山河破碎、黎民涂炭的岁月里，四十六岁的李清照带着丈夫留下的金石文物，孤身一人四处逃离，想方设法保护文物。她用一支笔，写尽人间的芳菲和缤纷的落英，留下最美的诗词供世人品读。她活了七十二年，却没有想到自己能流芳千古。

人生向晚，已近暮年，能做的事情已经不多，但无论活多久，最重要的是要活出生命的意义和希望。在我看来，李清照的人生精彩无比，她痛并快乐着，悲伤并幸福着，自由又有尊严地生活着。

词国皇后，谱写华章

坐在时光背后，面对残阳，执笔一支，于静默中，或书写往事，或抨击时事，或惩恶扬善，或寄怀相思，或表爱国丹心。生命的尽头，可以畅所欲言，自由自在地谱写华章，这或许也是人生中最惬意的事情了。

晚年的李清照通过写诗作词来怀念赵明诚，追忆他们的情感往事，但是，她并不是一味沉浸在追忆美好的爱情中。因为她是一个极度爱国的词人，年轻时的她在诗词中就表现出自己的爱国情操，晚年时期，正处于宋、金对峙，国家危在旦夕之时，她更关注国家的命运。看到山河破碎，朝廷不思收复中原，她忧心如焚。可是，身为封建社会的文化女性，她既不能像男人那样驰骋疆场，也不能当官上朝议事，只能用自己独特的方式去关注风雨飘摇中的朝廷政局。

宋高宗绍兴三年五月，朝廷派了两个很重要的使者出使金国。一个是吏部侍郎韩肖胄，一个是工部尚书胡松年。他们出使金国，名义上是去探望两个被金人抓去的皇帝：宋徽宗，宋钦宗。实际上是去打探金国的虚实。李清照很关注这件事情。她为此写下两首诗，用诗歌的形式为他们送行，同时在诗里也谈了自己对他们出使金国的看法。

她在《上枢密韩肖胄诗》中曾这样高度称赞韩肖胄："身为百夫特，行足万人师……家人安足谋，妻子不必辞。"

意思是说，韩肖胄将个人与家庭的安危置之度外，毅然出使金国，堪为朝廷的榜样。她在诗中，还称赞胡松年出使金国，好比荆轲刺秦一样壮怀激烈："车声辚辚马萧萧，壮士懦夫俱感泣……"

国难当头之际，使者们肩负朝廷使命，出使金国，国人们都为他们不畏艰险、不惧生死的精神而感慨泣下，这真是"风萧萧兮易水寒，壮士一去兮不复还"。

虽然当时也有诗人写诗为这两个使者送行，但李清照这两首诗尤为特别。因为她对韩肖胄和胡松年非常了解，韩肖胄临出使金国前，去向宋高宗辞行，说了一番话，大意是说，朝廷现在跟金国的关系到底是打还是和，谁都说不清楚。我们两个现在去出使金国，你们先不要撕毁和约，但如果金国方面有什么异动，有什么不测，你们一定要主动出兵，不要因为我们两个使者在金国而有所顾忌。韩肖胄这种大义凛然、精忠报国的态度令人敬佩。

韩肖胄的母亲也一样刚正不阿，在韩肖胄出行之前，她叮嘱韩肖胄说，你们只管出使金国，不要考虑我的安危。宋高宗听了之后很感动，专门下旨封韩老太太为荣国太夫人。

夕阳岁月中，孤单寂寞的李清照一方面沉浸在对赵明诚、对年轻时美好生活的回忆之中，另一方面，又情牵魂系着故土的恢复和使者的别离。她有女人脆弱多情的一面，同时，又有男人刚毅顽强的一面，所有这些矛盾的心情，矛盾的情感，交织在她的内心世界，一首《永遇乐·落日熔金》也在此时此景中诞生了。

　　永遇乐·落日熔金
　　落日熔金，暮云合璧，人在何处？
　　染柳烟浓，吹梅笛怨，春意知几许？
　　元宵佳节，融和天气，次第岂无风雨？

来相召，香车宝马，谢他酒朋诗侣。

中州盛日，闺门多暇，记得偏重三五。
铺翠冠儿、捻金雪柳，簇带争济楚。
如今憔悴，风鬟霜鬓，怕见夜间出去。
不如向、帘儿底下，听人笑语。

　　落日，犹如熔解的金子，一片赤红璀璨，在空中闪着光芒。傍晚的云彩，仿佛碧玉一样晶莹鲜艳，多么绚丽。一声长叹，打破了这美景，迷惘和痛苦交织在一起，景致如此美好，可我如今又置身于何地？今夕往昔，已不同矣。

　　读着这"落日熔金，暮云合璧，人在何处？"的词句，我想起了李商隐的"夕阳无限好，只是近黄昏"。

　　是啊，西下的太阳无限美好，只是再美好，也已接近黄昏时刻，维持不了多少时间，很快，黑夜就要来临了。一天已经走到尾声，这世上，事物虽好，但总有凋零的一天，一如人的生命。

　　回忆自己的大半生，李清照无限感慨。新生的柳叶如绿烟点染，《梅花落》的笛曲中传出声声幽怨。春天的气息已露端倪。但在这元宵佳节融和的天气，又怎能知道不会有风雨出现？

　　或许，是因为她经历的风雨太多了，所以，每次看到美丽的景色，总会居安思危，尤其是在自己孤独的时候，胡思乱想的机会也多了。

　　她的晚景虽然凄凉，但由于她的才名和家世，临安城中还是有一些贵家妇女乘着香车宝马来邀她去参加元宵的诗酒盛会。只因心绪落寞，她都婉言推辞了，因为饱受忧患的她心中愁闷焦烦。遥想当年汴京繁盛的时代，自己有的是闲暇游乐的时间，而最重视的是元宵佳节。

　　每逢元宵晚上，她都要同闺中女伴们戴上嵌插着翠鸟羽毛的时兴帽子和金线捻丝所制的雪柳,插戴得齐齐整整,前去游乐。当年她跟赵明诚的相遇,也是在正月十五,在那个赏花灯的元宵节。那时候的日子多快乐啊!

如今她容颜憔悴,头发蓬松也无心梳理,由一个青春美少女变成一个憔悴羸弱、蓬头霜鬓的老妇,而且心也老了,对外面的热闹繁华提不起兴致,更怕在夜间出去。面对现实中的繁华热闹,她在观赏今夕的繁华中重温旧梦,给沉重的心灵一点慰藉,却担心面对元宵胜景会触动今昔盛衰对比的感慨,加深内心的痛苦;只能在隔帘笑语声中聊温旧梦。这种矛盾复杂的心情是何等悲凉!

人在落魄的时候,总是怕走进人群里。尤其是一个感情脆弱,内心孤独的人,可能会担心别人同情自己。因为发自内心真实的快乐才能称作快乐。一旦糅入同情和怜悯,就变了味。

或许,李清照也有这种想法,她怕那些热闹纷繁,快乐幸福的场景,惊动了内心深处往昔那些美好的回忆。回忆永远是回忆,那些逝去的人和事,再也不可能回到身边,跟自己重新演绎一次美满和幸福的故事。既然一切都无法重新来过,只能徒增伤感。不如找个寂静的地方,独自咀嚼孤独。

李清照的这首《永遇乐·落日熔金》是流寓临安时所作。这首词虽写元夕,却带着深沉的盛衰之感和身世之悲。那离乱之后愁苦寂寞的情怀,国破家亡的感慨,沉痛悲苦的心情,极具感染力,以至于南宋著名词人刘辰翁每诵此词必"为之涕下"。

李调元在《雨村词话》中评价李清照:"易安在宋诸媛中,自卓然一家,不在秦七、黄九之下。词无一首不工,其炼处可夺梦窗之席,其丽处直参片玉班,盖不徒俯视巾帼,直欲压倒须眉。"

在我们的印象中,青少年时期的李清照,活泼可爱,单纯美丽。虽然经历了人世间无数的沧桑和苦难,到晚年时期是那么落寞、孤独、无助,但她依然是个有内涵的人,沉静,稳重,感情丰富,内心依旧清澈如水。所以,她可以用手中的笔,为我们写出一首首很有价值的诗词,为我们留下一笔名垂千古的文学财富。

虽然，那是个男尊女卑的社会，虽然，那时候在人们心中，写词高手有很多，苏轼、陆游、辛弃疾……这些男性作家，都是当时受人们追捧的。在词坛这个男人的世界里，士大夫们却对李清照的词称赞有加。

那个曾经指责她、嘲讽她的王灼，在《碧鸡漫志》里评价李清照的才华，说："才力华瞻，逼近前辈，在士大夫中已不多得，若本朝妇人，当推文采第一。"

王灼虽然不认可李清照的再嫁离婚，还写文讽刺过她的品行操守，但是他依然认为她太有才华了，前辈的很多大文学家水平都跟她比较接近。在当朝的士大夫中间，这样的创作水平也不可多得。本朝的女作家里，她绝对是数第一的。

李清照的词卓然自立为大家，水平绝不在黄庭坚和秦观之下，不但俯视巾帼，而且压倒须眉。她的优秀之处，不仅仅是创作出优秀的作品，还因为她是一个有自己独立理论见地，有理论的勇气和敏锐眼光的人。她在她所撰写的词学理论著作《词论》中，对宋代很多著名的词人，都展开了批评。

如，北宋前期著名词人柳永的《雨霖铃》中有"杨柳岸，晓风残月"，曾经打动了不少人的心。李清照却说柳永的词，的确对于词的发展有重大贡献，而且他的词音律很和谐，但是他的词语言品位不高，太庸俗。

宋代初期词人张先的《天仙子》中有"云破月来花弄影"，李清照说，张先等人的词偶然有一些写得比较好的句子，整体来看不成气候，算不得名家。

宋代的几位大文学家，晏殊、欧阳修、苏轼等，他们都是人们心目中的文豪，李清照说这几位文学大家学问渊博，他们写词这样一种小小的文学样式，就好比是用个勺子在大海里舀水一样，很容易就写出来了。但是他们写的那些词音律不谐和，有些是用写散文的方法来写词；有些是以诗为词，她认为这些都不是词本身真正应该有的特点。严格来讲，这些都是属于长短不一的诗，不是词。

李清照在《词论》里，几乎对在她之前的所有最具代表性的大词人都评论了，在李清照的心目中，她所认为的词的审美标准是，韵律谐和，品质高雅，意境浑厚，布局有方，情感细腻，含蓄稳重，情调雅致。词必须要保持自己的特点，否则词跟诗跟文都一样，那就没什么意义，也没什么价值了。

或许，我们可以说，李清照对前人的批评，是为了树立自己"词，别是一家"这个标杆。如今，我们现代的学术界关于这个问题也有很多争论。不管谁对谁错，李清照能这样点评大文学家的作品，说明她是个很不简单的人。何况，她在词的创作方面也确实有她自己的特色。

李清照的词很善于通过日常生活的细节来表现内心世界的活动，如《蝶恋花》，它通过词人自青州赴莱州途中的感受，表达她希望姐妹寄书东莱、互相联系的深厚感情。

李清照的词也很善于用平常的、很通俗的生活化的语言，来表现细微的情感变化，如：

《一剪梅·红藕香残玉簟秋》中的"花自飘零水自流"，其所象喻的人生、年华、爱情、离别，给人以凄凉无奈之恨，真实深刻地表现出作者的相思之情。

《声声慢·寻寻觅觅》中连续用的十四个叠字"寻寻觅觅，冷冷清清，凄凄惨惨戚戚"，写尽了李清照的内心的痛苦。

或许，正因为李清照的这些词具有这样的特色，才能写出她那开阔的眼界、独立的品格、细腻的感情和坚强的个性，以及她很有造诣的艺术创造力，这一切聚合起来，才形成了李清照在婉约词派上"一代词宗"的地位。

只叹，人生苦短，谁也无法留住时间的脚步。宋高宗绍兴二十五年，即公元 1155 年，李清照在孤独、寂寞，甚至是有些人的嘲讽和诽谤中走完了一生，她在临安去世，享年七十二岁。

人到七十古来稀，在古代，能活到七十岁的人算是长寿的了。七十二年的风风雨雨，把李清照锤炼得更加成熟，更加坚强，也更加有内涵。

虽然，在离开这个世界的时候，她或许会为自己一生颠沛流离、历经磨难、没有子嗣而痛苦遗憾。但是，人活一世，谁没有这样或那样的遗憾呢？只不过，最终所有的遗憾都会随着生命的消逝，一起埋葬在尘土中。

不羁生命，羽化成仙

　　写罢此书，搁笔，站在窗前，看着外面的世界，冥想。

　　窗外，鸟语花香，清风袭人。忽然传来一首歌："远离了富贵烦嚣地，告别了龙争虎斗门……貂蝉已随着那清风去，化作了一片白云……"

　　这么凄切温婉的歌声，伴着此时此景此种心情，令我万分感慨，这世间千万般女子，有千万般命运，无论好命坏命，总有一天，那一缕缕倩魂，都会随着清风而去。貂蝉化作了一片白云，李清照却化作了一座环形山，屹立在天际，让人们永远念想。

　　她的每一句诗词，似乎都是一种谶语，总是在偶然间，一语成谶。曾经，她在《渔家傲·天接云涛连晓雾》中写了自己与天帝的对话，天帝询问她的归宿处，她说希望风儿能将她乘坐的这一叶轻舟，直送往蓬莱三岛去。

　　如今，她的心愿达成了吗？或许，达成了吧。"蓬莱、方丈、瀛洲"这三座仙山，想必已经留下了她的足迹，之后，她自己也站成了一座山，屹立在茫茫宇宙中。那首《渔家傲·天接云涛连晓雾》，既写了辽阔的天际，又写了浩瀚的海洋，还写了大鹏一去千万里的豪迈奔放，吸引了无数的文人墨客，一直被世人所传颂。

渔家傲·天接云涛连晓雾

天接云涛连晓雾，星河欲转千帆舞。仿佛梦魂归帝所，闻天语，殷勤问我归何处。

我报路长嗟日暮，学诗谩有惊人句。九万里风鹏正举，风休住，蓬舟吹取三山去。

天蒙蒙，雾蒙蒙，水天相接，雾笼云涛。银河欲转，千帆如梭逐浪漂。一缕梦魂仿佛又回到了天庭，天帝传话善意地相邀。殷勤地问道："你可有归宿之处？"

词人回报天帝说："路途漫长又叹日暮时不早。学作诗，枉有妙句人称道，却是空无用。长空九万里，大鹏冲天飞正高。风啊！请千万别停息，将这一叶轻舟，载着我直送往蓬莱三仙岛。"

据说，过去，有人赏析此文时认为李清照是在"做梦"，词中那些天、云、星、帆皆是虚无梦幻的。也有人认为这是有实际背景的，只是李清照巧妙地用夸张和虚写来营造这种开阔的境界。

据《<金石录>后序》记载，钦宗靖康元年至高宗建炎四年冬间，李清照曾多次在海上航行，历尽风涛之险。南渡以后，她的作品更倾向于抒情言志或消沉释愁。这首词创作于公元1130年（宋高宗建炎四年）春间，也就是李清照南渡之后，是属于后期的作品。此词中写到大海、乘船，人物有天帝及词人自己，应该都与这段真实的生活所得到的感受有关吧。

有人说，李清照词中的梦想仙境，正是她对黑暗现实不满的表现。她想回到那没有离乱，没有悲伤，没有孤凄和痛苦的仙境去，正是反映出人间存在着战乱、杀戮、欺诈、孤独、寂寞的现实。

培根说："读史使人明智，读诗使人灵秀。"

在我看来，李清照的一生，就是一部诗集，也是一部史书，更是一部很经典的故事书，内容丰富，主人公的命运跌宕起伏，故事情节感人至深，令人难以忘怀。

每每读她的诗词，读她的历史，读她的人生故事，都会有不一样的感悟和收获。

虽然李清照所有的文学作品，诗、词和文，全部的作品加起来也就不过七八十篇，但就是凭着这区区的七八十篇作品，她居然能够和作品上千，甚至上万的李白、杜甫、陆游等男性大作家在中国的文学史上平起平坐，她以一个女性作家独特的创作，成为中国古代文学史上一道亮丽的风景，甚至成为太阳系当中一道靓丽而独特的风景。

1987年，国际天文联合会命名了水星上面的十五座环形山，用十五个世界名人的名字来命名它们，李清照就是其中一座环形山的名字。有人认为，这大概应该是在外太空唯一一个用中国古代女性的名字命名的天体了。在我看来，这是很大的荣耀，它体现了李清照在古今中外人们内心世界里的一种价值。

一缕香魂，已随着历史的清风和云烟飘远，只留下满地的诗词、呢喃的春梦和满腔热血、爱国情殇。

坐在高楼大厦里，端一杯茶，手捧书卷，读着那些既浪漫又凄美的诗词篇章，想象着那些虽遥远又熟悉的故事，有些清晰，又有些模糊。人世间的千万般苦，造就了她的千万般坚强，千万种伤悲，成就了她不朽的诗词篇章。一代词国皇后的精神，如熊熊烈火，照亮了我们的心灵。

半生繁华，万众瞩目，享尽风光；半生磨难，国破家亡，孤独终老。阅尽人间荣辱悲欢，李清照用文字筑造了人世间最美的风景。一滴清泪，洗净了凡尘铅华梦，愿她，从此没有忧伤。

有时候，总觉得生命如尘烟，来自虚妄，又回归虚妄。每个生命在这个世界上都有自己的人生轨迹，每个人都有自己的剧本要演，当生命走到终点，剧本也已经演完，曲终人散，卸下所有的名利、财富、亲情、爱情等负担，一身轻松，走向一个不知名的世界。至于是不是要过奈何桥，是不是会喝孟婆汤，是不是要走进十八层地狱，是不是要经过孽镜台，是不是要等待生命的再次轮回，或者是走向西方佛陀的莲池，化作佛祖脚下的那朵莲，谁也不知道。至于后代子孙生活过得怎么样，自己曾经拥有的财富名利怎么处理，多少人会为自己的离去而悲伤，这些似乎都已经跟自己无关。

　　掩卷，沉思。人生一世，真的不必去羡慕谁，嫉妒谁，猜忌谁，攻击谁……只要看着命运给的剧本好好演，演完之后，卸下面具，跟这个曾经来过的人生舞台，道一声再见。然后，放下所有的欢乐和悲伤，跟着时间，走向一个未知的地方，是悲是喜，一切随缘。

后　记

　　剪一段时光，许与清闲。烹一壶清茗，置于桌面。手执一笔或一书，品茶品文品诗词，写梦写心写故事。袅袅茶香，飘逸着几多芳菲情感。淡淡墨香，释放了几许莹静温婉。

　　感恩策划这本书的朋友，让我更用心地去学习和品读李清照的每一首诗词。

　　我很珍惜这一段编写李清照故事的时光。这段时光，让我看到了历史的风云变幻，阅尽了人间的世态变迁，参透了缘起缘灭，体味人生的起落无常，尤其感受到生命的不平凡。

　　我不是研究古诗词的专家，书写李清照的故事，仅仅是一种兴趣而已。为了写好这部书，我读了很多古诗词，查阅了很多资料，也看了很多相关的视频和网页。书里摘录的故事和诗词的翻译，都是来自网络、视频或者所读的书中。李清照留下来的作品不多，很多清丽的词作，也已随着时光的流逝而消失得无影无踪，我们只能从她遗留下来的部分作品中，去品读她的人生历程和生命内涵。

　　关于李清照的诗词特色和生平遭遇，不管是视频还是图书，抑或是其他参考资料，不同的人都会从不同的角度去注释和品读。读完众多的注释和解说，我不敢随意写，每每书写一章，都要不断地核对诗词的内容，不断修改，不断完善，虽然每一个章节都写得很辛苦，但写完之后，总能感觉自己进步很多，收获很多。

中华文化源远流长，博大精深，无论是唐诗、宋词、元曲、明清小说，还是琴棋书画、易经、戏曲、武术、民俗节日等，都需要我们用心去学习，去体味，去研究，去传承。

在众多古诗词爱好者中，我只是其中一员，如沧海一粟，才疏学浅。书中若有纰漏瑕疵之处，敬请读者批评指正！